Rhea Powers

Erde im Wandel

Rhea Powers

Erde im Wandel

Botschaft für dich und deinen Planeten

ch. falk-verlag

Aus dem Amerikanischen
von Anna A. Kubina

Originalausgabe

4. Auflage 1995

Umschlaggestaltung:
Josef Nysten-Riess

Foto von Rhea Powers:
Lillian Gilden

Satz: Indragni, Ascheberg-Herbern
Druck: F. Steinmeier, Nördlingen

Printed in Germany
ISBN 3-924161-53-4

Widmung

Dieses Buch
ist meiner Mutter,
Shirley Lindsay Mueller, gewidmet,
mit Liebe und Dankbarkeit für alles,
was sie mir gegeben hat.

Vorwort
von Rhea Powers

Dieses Buch enthält gechannelte Botschaften von einem männlichen Aspekt der transpersonalen Ebene des Bewußtseins, den wir *Sanat Kumara* nennen, und von einem weiblichen Aspekt des Transpersonalen, den wir *Mutter* nennen. Es enthält auch zwei Kapitel, die ich von meiner persönlichen Bewußtseinsebene aus über meine Erfahrungen des *Channeling* und die Technik beschrieben habe, die wir benutzen, um andere darin auszubilden. Du bist eingeladen, mit dieser Technik zu experimentieren. Bevor du damit beginnst, bitte ich dich jedoch, beide Kapitel erst vollständig durchzulesen. Channeling kann eine sehr heilige Erfahrung sein, durch die du mit den göttlichen Reichen, von denen wir alle kommen, rückverbunden wirst. Es kann aber auch das Ego bedrohen, und es braucht viel Sorgfalt.

Der Empfang der Botschaften für dieses Buch hat drei Jahre lang gedauert. Sanats Botschaft wurde zuerst durchgegeben, dann folgte Mutters Mitteilung. Ich war erstaunt über die Ähnlichkeit der Durchgaben, über die Unterschiede in der Energie und im Standpunkt des männlichen und des weiblichen Aspektes. Die gechannelten Abschnitte sind chronologisch geordnet. Jede gechannelte Sitzung ist von der folgenden durch das folgende Zeichen unterschieden

* * * *

Wenn du dieses Buch liest, wirst du — wie auch ich — bemerken, daß gewisse Ideen wiederholt werden. Ich habe an mir festgestellt, daß sich mit jeder Wiederholung und jeder neuen Vorstellung eines Gedankens mein Verständnis vertieft hat. Während ich es zum wiederholten Male lese, öffne ich mich einem tieferen Teil meines Seins. Dies wünsche ich auch dir. Ich hoffe, die Worte berühren einen Ort in dir, wo dir die Informationen und die Energie der Worte vertraut sind.

Einführung
von Sanat Kumara

Zu Beginn der Zeit stimmten alle Wesen dem Experiment zu, innerhalb des Raum/Zeit-Kontinuums physische Realität zu erschaffen. Du selbst warst Teil des Bewußtseins, das die Erfahrung physischer Realität entworfen hat, ein Experiment, das die Formbildung beinhaltete. Du hast entschieden, an diesem Experiment teilzunehmen, dich als Form in der physischen Realität zu verkörpern. Die meisten von euch haben vergessen, daß es ihre eigene Wahl war, sich an diesem Experiment der Formwerdung zu beteiligen. Viele von euch fühlen sich durch ihr formgebundenes Leben von Gott, von der göttlichen Energie getrennt. Du fühlst dich auf irgendeine Weise von Gott zurückgewiesen. Du fühlst dich isoliert und einsam.

Dieses Werk möchte dein Bewußtsein von der Illusion, du seiest von Gott getrennt, befreien. Das ist seine Absicht. Alle Wesen sind durch göttliche Energie vereint, ob sie nun in Form oder in einer anderen Dimension des Seins existieren. Du kommst zu deinem Selbst nach Hause zurück. Du beginnst zu erkennen, daß du dein Zuhause niemals verlassen hast. Gott lebt in jeder Manifestation der Schöpfung. Gott lebt in dir. Du bist weder von Gott noch von deinen Weggefährten getrennt. Das ist eine Illusion. Sie ist von jenen erschaffen worden, die physisches Formleben erfahren.

Die Illusion der Trennung muß aufhören. Euer Planet sieht einem Lebensabschnitt entgegen, in dem die Einheit wieder offenbar werden wird. Du bist eins, wir sind eins; es gibt nur einen Gott. Alle Wesen leben als Gott, leben in Gott, durch Gott. Sie leben als Eines. Die Illusion der Trennung muß überwunden werden, damit sich die Vereinigung aller Wesen auf dem Planeten Erde verwirklichen kann, sowohl die der Wesen in Form als auch der Wesen jenseits von Form. Du bist eingeladen, die Illusion der Trennung aufzugeben und nur noch Wahrheit, Einssein und den einen Gott zu erfahren, der in allen Wesen existiert — ob sie nun in der Form oder jenseits von Form leben. Du bist eingeladen, deine Vereinigung mit Gott noch einmal zu erleben. Du bist eingeladen zu erfahren, daß du immer zu Hause bist, wo und wer du auch sein magst. Du bist eingeladen, deine Vereinsamung loszulassen und nach Hause zu kommen, zum Göttlichen in dir und in allen deinen Weggefährten. Wir erwarten deine Heimkehr.

Das Buch von Sanat Kumara

Wir diktieren dieses Werk, damit ihr andere Dimensionen eures Seins erkennen könnt. Sie existieren zugleich mit eurem Körper, mit dem ihr euch hauptsächlich identifiziert. Dein physischer Körper ist jedoch nur ein winziger Bruchteil deines gesamten Wesens. Andere Teile deines Wesens leben gleichzeitig auf anderen Ebenen. Ihr seid daran gewöhnt, euch mit dem physischen Körper, in dem ihr lebt, zu identifizieren. Ihr seid es gewohnt, euch für die Emotionen, die Gedanken, die Meinungen und die Gefühle zu halten, die ihr in eurem physischen Körper erfahrt. Andere Aspekte eures Gesamtwesens sind euch in der Regel nicht offenbar. Euer Denkvermögen ist diesbezüglich begrenzt. Einige von euch hatten bewußtseinserweiternde Erfahrungen durch Drogen, in der Meditation oder in Momenten, die ihr als Gipfelerfahrungen bezeichnet. In solchen Augenblicken erhaschst du eine Ahnung von den anderen Dimensionen deines Seins. Aus diesem Grund haben viele von euch die Drogenerfahrungen gesucht. Aber Drogen sind nicht notwendig, um andere Aspekte deines Wesens zu erfahren.

* * * *

Wir leben in einer Dimension, die nicht physisch ist. Du lebst im Körper, während du dieses Buch liest, doch du lebst auch in den nicht-körperlichen Bereichen, so wie wir. Wir haben uns nicht wie du dafür entschieden, die physische Form zu erfahren. Die meisten Wesen, die sich dafür entschieden, haben das Wissen darum verloren, wer sie wirklich sind. Durch die Erfahrung der Körperlichkeit haben sie sich mit ihrer physischen Form identifiziert. Sie erleben nicht mehr die anderen Dimensionen ihres Seins.

Euer Planet tritt in der Entwicklung seines Bewußtseins in eine Phase des Umschwungs ein. Die Transformation des Bewußtseins, die auf der Erde jetzt stattfindet, beschränkt sich nicht alleine auf die Menschen, die euren Globus bevölkern. Auch der Planet selbst erfährt eine grundlegende Veränderung seines Bewußtseins. Die Erde nähert sich einer höheren Schwingung. Diejenigen unter euch, die diesen Umschwung im Bewußtsein mitmachen können, werden in der physischen Form verbleiben. Die Menschen, die zu dieser Bewußtseinsveränderung nicht fähig sind und sie auch nicht wollen, werden nicht als Form weiterbestehen. Es ist eine schwierige Zeit für euren Planeten. Er wirft eine alte Haut ab, während er sich weiterentwickelt. Dir ist es möglich, diese Übergangszeit mit ihm gemeinsam zu bestehen. Noch mehr, es ist dir sogar möglich, deine Mitmenschen darin zu begleiten, diesen Umschwung mitzuvollziehen.

* * * *

Du hast dich genau zu dieser Zeit in der Entwicklungsgeschichte deines Planeten inkarniert, um den Bewußtseinssprung in dir selbst zu machen und deinen Mitmenschen damit zu dienen, daß du ihnen dabei hilfst, diesen Sprung mitzuvollziehen. Du kannst deine Bestimmung durch dein eigenes Wachstum erfüllen und dadurch, daß du es mit anderen teilst. Es ist an der Zeit. Euer Planet braucht eure Partnerschaft. Ihr habt in diesem Leben die Gelegenheit, eure Bestimmung zu erfüllen. Wir und andere uns ähnliche Wesenheiten sind hier, um euch dabei zu helfen.

Du lebst auf vielen Wirklichkeitsebenen zugleich, während du dieses Buch liest. Du lebst in vielen Dimensionen, während dein physischer Körper diese Seiten hält. In der physischen Realität wirst du in den nächsten zehn Jahren auf deinem Planeten viel Chaos erleben. Du bist geladen, dich daran zu erinnern, daß es in der Gesamtheit deines Wesens Bereiche gibt, die jenseits der physischen Wirklichkeit existieren. Das Chaos, das du auf deinem Planeten beobachten wirst, ist nur ein Bruchteil dessen, was ist. Trau nicht der Illusion physischer Realität. Alles hat seine Entsprechungen. Euer Planet betritt ein Stadium des Übergangs. Viele von euch haben schon angefangen, sich auf ihre Arbeit vorzubereiten, die während dieses nächsten Schrittes in der Entwicklung eures Planeten ansteht. Wisse, daß du ausgebildet worden bist. Wisse, es gab einen Grund, daß dein Bewußtsein erweckt worden ist. Du sollst über die Illusion des Chaos um dich her hinausschauen können. Viele von euch sind extrem feinfühlig; ihr werdet auf das Durcheinander, das ihr beobachtet, reagieren. Wir bitten euch aber, euch daran zu erinnern, daß es ein notwendiger und der Zeit entsprechender Umschwung des Bewußtseins ist, der die Gegenreaktion des Chaos verursacht.

Diejenigen unter euch, die zu diesem Bewußtseinssprung nicht bereit sind, werden von der Illusion aufs äußerste bedroht werden. Du bist erweckt worden. Du bist geschult worden, damit du in der Wahrheit bleiben kannst, in der Wahrheit über die Vollkommenheit des göttlichen Plans, sogar wenn um dich her das totale Chaos herrscht. Laß dich nicht von der Illusion gefangennehmen. Vertrau darauf, daß für den Wechsel des Bewußtseins auf eurem Planeten alles nach Gottes Plan verläuft. Der Planet selbst wechselt seine Schwingung. Alle, die unwillig oder unfähig sind, diesen Wechsel mitzumachen, werden eine andere Ausdrucksform für ihr Wesen finden. Krankheit wird viele dahinraffen. Krieg wird viele fordern. Die Umweltverschmutzung mit ihren Folgen wird sich bemerkbar machen, und die Menschen werden umkommen.

Wisse, es wird nur die physische Form entlassen. Diese Menschen haben selbst entschieden, in dieser Zeit des Übergangs zu gehen. Viele von ihnen werden ihr Bewußtsein im Stadium zwischen den Inkarnationen verändern. Sie werden sich wieder im Neuen Zeitalter auf eurem Planeten inkarnieren. Andere werden eine andere physische Dimension annehmen, in der sie sich entwickeln können. Ihr Bewußtsein wird eine Form finden, die ihrer Evolutionsstufe entspricht.

Diejenigen unter euch, die zu diesem Umschwung bereit sind, werden in physischer Form auf eurem Planeten bleiben. Jedoch wird es Zeiten der Not geben, wenn eure Schwingung wechselt. Laß dich nicht von deiner emotionalen Reaktion auf das Chaos, das du beobachtest, gefangennehmen. Wisse, daß deine Emotionen nur ein kleiner Teil deines physischen Wesens sind. Deine Gedanken werden ebenfalls durch Zeiten der Verzweiflung gehen. Wisse, daß auch sie nur eine Facette sind, ein Teil des Seins, das menschlich ist. Eure Gedanken verkörpern in der Regel nicht die Wahrheit. Oft sind sie in mechanischer Weise angeregt, als Reaktion auf vergangene Programmierungen. Laß dich nicht von der Illusion und der Verzweiflung deiner reagierenden Gedanken einholen.

Während dieser Zeit des Chaos ist es sehr nützlich, zu meditieren und deine Energie in der Stille zu zentrieren. Diese Technik wird es dir erlauben, dich außerhalb deiner reagierenden Gefühle und Gedanken zu stellen. Meditation kann die Illusion transzendieren. Sie kann dich mit den anderen Dimensionen deines Wesens verbinden. Sie ist ein nützliches Werkzeug und wird während der schwierigen Zeiten, die vor uns liegen, von großem Nutzen sein.

Wir bringen euch dieses Werk, um euch zu versichern, daß ihr bereit seid, daß ihr befähigt seid und in diesem Plan einen Zweck erfüllt. Du bist vor deinen Brüdern und Schwestern aufgewacht, damit du sie in dieser Zeit begleiten kannst. Wisse, du bist vorbereitet. Du hast dich auf diese Zeit viele, viele Leben lang vorbereitet. Du kannst deinem inneren Selbst vertrauen. Deine Aufgabe ist es, mit deinem inneren Selbst in Verbindung zu bleiben. Richtig, du bist bereit. Wir sind mit dir.

* * * *

Wir haben euch dieses Werk gebracht, damit ihr auf die kommenden Ereignisse vorbereitet seid. Du wirst darin eine bedeutende Rolle spielen. Du wirst aufgerufen sein, in deiner Mitte zu bleiben, deinem eigenen Gespür für die Vollkommenheit des göttlichen Universums gegenüber wahrhaftig zu bleiben. Um dich her wird es jene geben, die über das Chaos nicht hinausschauen können. Sie werden deine Standhaftigkeit brauchen. Sie werden dein Bewußtsein von der Wahrheit und Vollkommenheit des göttlichen Planes brauchen. Du kannst ihnen ein Beispiel geben — von einem, der den Mut hat, über die Illusion der physischen Realität hinauszusehen.

Du liest dieses Werk, weil du genügend erwacht bist, um Wahrheit zu erkennen. So haben diese Worte ihren Weg zu dir gefunden. Du hast schon viel Vorbereitung geleistet, sonst hätte dieses Buch dich nie erreicht. Vielleicht weist du um die Vorbereitung, die du deinem Bewußtsein hast angedeihen lassen. Vielleicht aber hast du dich in anderen Leben wohl vorbereitet, bist dir dieser Arbeit aber momentan nicht bewußt. Es ist an der Zeit, daß du dir darüber klar wirst. Du hast eine Rolle zu spielen, und du bist bereit. Es wird immer noch mehr Vorbereitung nötig sein. Wisse, du befindest dich für immer und ewig in dem Prozeß, ein eingeweihtes Wesen zu werden. Du wirst niemals ganz ankommen, bis alle Wesen zu der Wahrheit erwacht sind, daß sie Liebe und Licht und göttlich sind. Erst dann wird das Spiel erfüllt sein. Bis dahin jedoch mußt du noch wachsen. Dieses Buch ist eine Anerkennung des Wachstums, das du schon erreicht hast. Es ist auch ein Hinweis für dich, daß es noch mehr zu wachsen gibt und immer geben wird. Du bist auf einer freudigen Suche nach der Wahrheit deiner Identität! Diese Worte werden dir gebracht. Sie sind ein Wegweiser auf deiner Reise. Freue dich darüber.

* * * *

Du bist auf der Suche nach der Wahrheit deiner Identität viele, viele Leben lang gereist. Dieses Leben kann der Höhepunkt deiner Reise sein. In diesem Leben kannst du die Wahrheit über deine Identität erkennen. Du bist bereit, den Sprung zu tun. Aus der Identifizierung mit deiner Form, deinen Gedanken und deinen Gefühlen springst du heraus und weißt, daß du ein wunderbares Wesen bist, ein Wesen, das auf vielen, vielen Ebenen Erfahrungen macht. Du weißt dann, daß ein Aspekt deines Wesens deine physische Form ist und auch die Gedanken und Gefühle, die die Persönlichkeit begleiten, die dieser Form anhaften. Viele Ereignisse deiner jetzigen Inkarnation haben die Psychologie deiner Persönlichkeit geformt. Du bist dir der Wirkungen bewußt, die die vielen Ereignisse in deinem Leben auf deine Persönlichkeit hatten. Diese Ereignisse hat dein höheres Bewußtsein in dein Leben hereingezogen. Sie sollten Facetten deines Wesens entwickeln, die in dieser Inkarnation einen Abschluß brauchten.

So kann es zum Beispiel sein, daß du dir Eltern gewählt hast, die dich unterdrückt haben, damit sich dein Wille zum Selbstausdruck entwickeln konnte. Das kann als eine Prüfung betrachtet werden. Mit repressiven Eltern hast du entweder die Wahl, dich zu beugen — dich zurückzuhalten, deine eigenen Gedanken, deine Gefühle, deinen Ausdruck zu verdrängen. Oder du kannst dich entscheiden, die Unterdrückung zu bekämpfen und deinen Willen zu stärken, deine eigenen Gedanken, Gefühle und Kreativität zum Ausdruck zu bringen. Wenn du in diesem Leben Eltern gewählt hast, die dich unterdrückt haben, dann deshalb, weil du dir selbst Gelegenheit zu der Entscheidung geben wolltest, dich entweder zu beugen und zurückgehalten zu werden oder dich selbst zu behaupten und dich voll zum Ausdruck zu bringen. Ohne die Herausforderung, für die die repressiven Eltern gesorgt haben, wärest du wahrscheinlich nicht so entschlossen, dich auszudrücken. Das hätte leicht mit Eltern geschehen können, die dir keine solche Energie entgegengesetzt hätten. In deinem Wunsch, dich voll und ganz zum Ausdruck zu bringen, hast du dich deshalb für Eltern entschieden, die dir Gelegenheit boten, deinen eigenen Ausdruck bewußt zu bestimmen. Dies ist ihr Geschenk an dich. Deshalb hast du sie dir als deine Eltern in diesem Leben ausgesucht.

Dies ist nur ein Beispiel, wie die Entscheidungen, die du getroffen hast, und die Umstände, die du hervorgebracht hast, von deinem höheren Selbst genutzt werden. Es werden dadurch Aspekte deines Wesens entwickelt, die du selbst in deiner jetzigen Inkarnation zum Vorschein kommen lassen wolltest.

Es gibt noch viele, viele andere Lebensumstände, die du als Test an dich gezogen hast. Ebenso kannst du durch künftige Ereignisse weiter wachsen. Du hast jedoch die Wahl, Ereignisse auszusuchen, die angenehm sind, und dadurch zu wachsen; oder du entscheidest dich für Ereignisse, die schmerzlich sind, und wächst durch sie. Es bleibt deine Entscheidung. In eurer christlich-jüdischen Kultur gibt es einen tiefen Glauben, nach dem das Leiden vorteilhaft ist, weil es zu Wachstum und zur Entwicklung des Charakters führt. Dies ist ein Irrtum. Du kannst durch wunderbare Umstände genauso gut wachsen wie durch schmerzvolle. Die Tradition, durch Schmerz zu wachsen, ist jedoch tief in eurer Kultur verwurzelt. Du brauchst dich diesem Glaubenssystem nicht zu beugen, um dich weiterzuentwickeln. Du kannst dieses Glaubenssystem loslassen. Du kannst mühelos und voller Freude in deinem Wachstum weiter streben, wenn du dich dafür entscheidest, durch angenehme Erfahrungen statt durch schmerzvolle zu wachsen. Es gibt um dich her genug Schmerz, von dem du lernen kannst. Du mußt keinen persönlichen Schmerz erschaffen, um wachsen zu können. Wisse, daß Wachstum natürlich ist. Es ist ein eingeborener Aspekt des Seins eines menschlichen Wesens. Du wirst immer wachsen. Wir schlagen dir vor, dich bewußt dafür zu entscheiden, durch Freude, Liebe und Fülle zu wachsen anstatt durch Schmerz und Verlust. Du hast die Kraft dazu. Entscheide dich jetzt.

* * * *

Jeder von euch, der dieses Werk liest, wird bei der Vorbereitung auf das Kommende — das „Neue Zeitalter" genannt — eine Rolle zu spielen haben. Du hast schon damit begonnen, an dieser natürlichen Veränderung des Bewußtseins auf deinem Planeten teilzunehmen und dich vorzubereiten. Du hast gelesen, studiert, Arbeitsgruppen und Ausbildungen besucht und mit deinen Freunden gesprochen. Es trifft sich gut, daß du diese vorbereitende Arbeit gemacht hast. Du wirst das, was du gelernt hast, anwenden müssen. Die äußere Welt wird oft chaotisch und unvorhersehbar erscheinen. Dann wirst du nach innen gehen müssen und dir das zunutze machen, was du gelernt hast. In den Stürmen, die vor uns liegen, wird dein innerer Tempel ein Zufluchtsort sein. Nutze ihn.

Wir sind hier. Viele von uns geleiten euren Planeten durch diese Epoche seiner Geschichte. Wir haben uns hier versammelt, um euch zu unterstützen. Weder sind wir von dir getrennt, noch bist du von deinen menschlichen Brüdern und Schwestern getrennt. Tatsächlich sind alle Menschen Brüder. Es spielt keine Rolle, welcher Rasse, Nationalität oder welchem Glauben jemand angehört. Alle sind Teil deiner Familie. Sie verdienen deine Liebe und deinen Segen. Obgleich Ideologie dich von deinen Mitmenschen auf der Erde zu trennen scheint, wisse, daß Trennung eine Lüge ist. Trennung ist eine Illusion, die mit dem Ego verbunden ist. Du hast vor deinen Mitmenschen nichts zu verbergen. Von der Erfahrung, daß du eins mit ihnen bist, brauchst du nichts zu befürchten. Wisse, es kann in der physischen Welt natürlich Zeiten geben, zu denen dein physisches Sein Schutz braucht. Dies jedoch ist Teil der Illusion der physischen Realität. In Wahrheit gibt es keine Trennung. In Wahrheit gibt es keinen Platz für Angst. In Wahrheit sind alle eins. Wir sind eins mit dir.

* * * *

Jeder von euch, der in der physischen Form lebt, hat sich dafür entschieden, an der Veränderung des Bewußtseins, die jetzt auf eurem Planeten stattfindet, teilzunehmen. Dies ist ein Grund dafür, daß es jetzt so viele Menschen gibt. Du bist bereit, deinen Lebenszyklus in einem menschlichen Körper zu vollenden. Das heißt nicht, daß du nie wieder in einem menschlichen Körper inkarnieren wirst. Es heißt einfach, daß du dies bewußt tun wirst, solltest du dich dafür entscheiden zurückzukommen. Bis vor kurzem bist du nicht bewußt gewesen. Du bist in einem System gefangen gewesen, das dich ohne deine bewußte Absicht in die Form zurückgebracht hat.

Es ist Zeit für dich, bewußt zu werden, sonst hättest du dieses Buch nicht gefunden.

Dies kann eine sehr freudvolle Zeit werden. Du mußt jedoch bewußt bleiben. Es wird viele, viele Versuchungen geben, unbewußt zu werden und zu vergessen, daß sich das Universum in Vollkommenheit entfaltet. Wir sagen es noch einmal. Es wird viel Störung in der äußeren Realität geben. Erlaube es diesen Ereignissen nicht, den Frieden und die Bewußtheit deiner inneren Wirklichkeit zu stören. Du hast dich für diese Zeit vorbereitet. Doch manchmal wirst du dich unvorbereitet fühlen. Glaube aber, daß du dich viele, viele Leben lang für diese Entwicklungsperiode deines Planeten ausgebildet hast. Vergiß nicht, dir selbst zu vertrauen. All deine Antworten liegen innen. Geh nach innen. Wisse, du kannst dir vertrauen. So ist es.

Wir und ähnliche Wesen sind sehr interessiert an der Transformation des Bewußtseins und fasziniert von seinem Entwicklungsprozeß, der jetzt auf eurem Planeten stattfindet.

Wir sind gekommen, um diesen Vorgang zu beobachten und dir und deinen Mitmenschen in jeder nur möglichen Weise dabei zu helfen. Wir haben mit vielen von euch gearbeitet und euch den Weg eures Erwachens gewiesen. Wir freuen uns über die Gelegenheit, diese Seiten zu diktieren. So können wir direkter mit euch in Verbindung treten. Es ist richtig, daß du diese Seiten liest, sonst hätten sie nie den Weg zu dir gefunden. Dieses Buch ist nicht für die Massen bestimmt. Es ist an dich gerichtet. Du hast bei der Bewußtseinsveränderung, die auf eurem Planeten begonnen hat, einen Beitrag zu leisten.

Die Form deiner Beteiligung in diesem Wandel des Bewußtseins wird einzigartig die deine sein. Doch letztlich spielt die Form keine Rolle. Die Form ist der Träger. Du bist der Träger. Was zählt, ist die Qualität des Bewußtseins, die du in das einbringst, was du tust. Wenn du die Ausdrucksform, die deiner Schwingung entspricht, noch nicht gefunden hast, dann wird dir bald die Form gezeigt werden, die für dich stimmig ist. Erinnere dich, es geht nicht um die Form. Du wirst dahin geführt werden, einen Weg zu finden, dein Leben, deine Liebe und dein Bewußtsein zu teilen, während du in deiner eigenen Entwicklung voranschreitest. Wir bitten diejenigen unter euch, die schon eine Form gefunden haben, nicht an ihr zu hängen. Seid bereit, die Form zu verändern. Vertraut euch und wißt, es gibt einen Grund für die Veränderung der Form. Die Form des Ausdrucks ist nicht wichtig.

Viele von euch identifizieren sich mit dem, was sie tun. Deshalb ist euch die Form eurer Begabung zu heilen, die Form eures Lichtes, wichtig. Identifiziere dich nicht mit dem, was du tust. Die Form ist nicht wichtig. Du kannst durch Handauflegen heilen, schreiben, lehren oder in einer Firma arbeiten. Die Form deiner Schwingung ist nicht wichtig. Identifiziere dich nicht als Körpertherapeut, als Astrologe oder als Lehrer. Diese Etiketten versuchen, dein Wesen mit deinem Tun gleichzusetzen. Was du tust, ist nicht wichtig. *Wer du bist,* ist wichtig. So wie du deine Bewußtwerdung vorantreibst, wird dir der Weg gezeigt werden, wie du ihr angemessen Ausdruck verleihen kannst. Es ist die Bewußtheit, die zählt, nicht die Form, durch die du diese Bewußtheit zum Ausdruck bringst. Es kann dir in diesem Leben geschehen, daß du dein Licht in vielfältiger Weise teilen mußt. Laß dich nicht in die Form einsperren.

Wir freuen uns an deiner Entwicklung. Wir laden dich ein, damit fortzufahren, deine Kraft auszuprobieren und die Antworten auf deine Fragen in dir selbst zu suchen.

* * * *

Du hast dich auf diese Periode auf eurem Planeten seit Äonen vorbereitet. Vielleicht denkst du, du seiest nicht bereit. Die Tatsache jedoch, daß dieses Buch seinen Weg zu dir gefunden hat, ist Zeichen deiner Bereitschaft. Vertrau darauf, du liest nicht ohne Grund diese Seiten. Nicht zufällig hast du deine Spiritualität erforscht. Nicht zufällig beginnt eure Gesellschaft aufzuwachen. In deinem Kulturkreis gibt es viele Hinweise darauf, daß ein Wechsel im Bewußtsein stattfindet. Die Bücher auf eurer Bestsellerliste werden prozentual immer spiritueller. Die Filme in euren Kinos werden beides, spiritueller und gewalttätiger. Die Gewalt ist eine Reaktion auf das spirituelle Wachstum deines Volkes. Auch das Chaos, das du jetzt und zukünftig beobachten wirst, ist eine Reaktion auf den Wechsel im Bewußtsein auf dem Planeten. Es ist Zeit für dich, dir deine Beteiligung an der stattfindenden Transformation des Bewußtseins einzugestehen. Du bist nicht nur ein Beobachter.

Du hast deine Spiritualität in vielen vergangenen Leben erfahren. Du hast angefangen, dein Bewußtsein in diesem Leben zu erwecken. Du hast Bücher gelesen und andere Menschen getroffen, die an diesem Erwachen teilhaben. Du hast in der Umwandlung des Bewußtseins auf deinem Planeten eine Rolle zu spielen. Deshalb bist du auf diesen Planeten gekommen. Deshalb hast du entschieden, in der physischen Dimension eine Form zu verkörpern. Du hast in dem göttlichen Plan einen Zweck zu erfüllen, das Bewußtsein in der physischen Form zu erwecken. Es wird Zeit, daß du dein Lebensziel verwirklichst. Wisse, letztlich ist deine Absicht, Liebe, Licht und Wahrheit in die physische Welt zu bringen. In welcher Form, das liegt an dir.

Du wirst zu Ausdrucksformen hingezogen werden, die du in vergangenen Leben schon genutzt hast. Einige von euch werden mit Kristallen arbeiten, weil sie in anderen Leben schon mit Kristallen gearbeitet haben. Andere fühlen sich zu gewissen Arten des Heilens hingezogen. Die Form des Heilens, zu der es dich am meisten hinzieht, ist in der Regel eine Form, die du in anderen Inkarnationen ausgeübt hast. Einige von euch werden ihr Licht und ihre Liebe durch die Künste ausdrücken. Wieder ist es so, weil diese Ausdrucksform ihrem Wesen bekannt ist. Wir schlagen vor, du folgst deinem Herzen. Folge der Neigung deines Geistes. Es wird dir die entsprechende Form des Ausdrucks gezeigt werden. Wisse, du kannst deinem höheren Selbst, deiner inneren Stimme vertrauen. Sei gewillt, deinem Herzen zu folgen, und es wird dir die Ausdrucksform gezeigt werden, die deiner Energie am meisten entspricht. Erinnere dich, nicht die Form ist wichtig. Die Form des Ausdrucks ist nicht so wichtig wie das , was ausgedrückt wird. Vertraue deinem Selbst. Wir zeigen dir den Weg.

* * * *

Du hast schon angefangen, dich auf deinen Beitrag an dem derzeitigen Bewußtseinswechsel auf deinem Planeten vorzubereiten. Du hast dich seit vielen Leben darauf vorbereitet. Zu anderen Zeiten und anderen Zivilisationen auf eurem Planeten hat sich jeder von euch für ganz bestimmte Erfahrungen entschieden, um sich für die Teilnahme an dieser Epoche zu bilden. Ihr seid in euren Tempeln und auf euren Schlachtfeldern, in den Hütten und Palästen der Vergangenheit ausgebildet worden. In vielen eurer vergangenen Leben seid ihr Führer und Heiler und spirituelle Lehrer gewesen. Ihr seid trainiert.

Viele von euch denken, da sie Diplome und Zeugnisse brauchen, um auf den Gebieten zu arbeiten, für die sie sich dieses Mal entschieden haben. Das ist nicht so. Du bist vorbereitet. Alles, was du brauchst, hast du gelernt, um dein Geschenk an deine Mitmenschen zu machen. In Wahrheit wußtest du alles, bevor du zum erstenmal auf diesen Planeten kamst! Dein Training auf der Erde hat nur daraus bestanden, Wissen in Form umzusetzen. Du hast gelernt, deine Liebe, dein Bewußtsein und dein Licht in eine Form der physischen Realität zu übertragen, die auf andere Wesen in physischer Form wirken kann. Im Unterbewußtsein weißt du, daß du gekommen bist, um dich vorzubereiten und die Übertragung deines Bewußtseins in die Form zu erlernen. Deshalb schenkt ihr der Form so viel Beachtung. Die Form ist erlernt worden. Heute stehen euch auf eurem Planeten viele Techniken zur Verfügung. Diese Techniken haben Form. Du kannst die Technik auswählen, die die größte Resonanz zu deiner eigenen Schwingung hat.

Du wirst die Ausdrucksform auswählen, die deiner Ausbildung am meisten ähnelt. Wenn du zum Beispiel in anderen Leben darin ausgebildet worden bist, mit Pflanzen und natürlichen Mitteln zu heilen, ist es wahrscheinlich, daß du in dieser Inkarnation zur Homöopathie oder zur Elektronik hingezogen wirst. Und ebenso wirst du in diesem Leben wahrscheinlich Metaphysik oder etwas ähnliches unterrichten, wenn du einst deine Mitpriester auf ihr geistiges Erwachen und ihre Einweihung vorbereitet hast. Spirituelle Lehren des Fischezeitalters und der Yogischen Traditions- sowie auch einige der bewußtseinserweiternden Seminare mögen alle in die Kategorie des Ausdrucks fallen, der mit deinem vorangegangenen Training in Einklang steht. Ebenso sind diejenigen von euch Seher, Orakel und Propheten der Vergangenheit gewesen, die sich heute dazu hingezogen fühlen, höhere Bewußtseinsebenen zu channeln.

So kommt dieses Buch zu euch. Das Wesen, das euch dieses Werk bringt, ist in anderen Leben Prophet, Verkünder der Wahrheit und Visionär gewesen. Es hat sich zu anderen Zeiten vorbereitet. Und du hast dich auch auf diese entscheidende und aufregende Zeit in der Entwicklung des Bewußtseins auf eurem Planeten vorbereitet.

Das allerwichtigste Element ist dein eigenes Vertrauen und deine Hingabe. Erstens, du mußt dir vertrauen, daß du bereit bist voranzuschreiten; zweitens, du mußt dich dem, was du weißt, hingeben. Du mußt dich dem Weg hingeben, der vor dir liegt. In dieser Wirklichkeit, mit der du dich momentan identifizierst, ist es begründet, Zeugnisse zu wünschen. Doch mußt du vertrauen, daß du schon weißt. Deine Ausbildung erinnert dich lediglich und gibt dir die Berechtigung zu sagen, daß du weißt. Du weißt. Gib dich deinem inneren Wissen hin. Dein inneres Selbst wird dir den Weg zeigen. Es ist in Ordnung, ausgebildet zu werden und Zeugnisse zu haben. Jedoch, du mußt dir vertrauen und wissen, daß du schon weißt. Wir zeigen den Weg. Du kannst dir vertrauen. Übergib dich deinem Selbst. Die Freude an dir selbst und vollkommener Selbstausdruck sind die Geschenke, die dich erwarten.

Dieses Buch soll dich daran erinnern, daß du darauf vorbereitet bist, mit den Ereignissen umzugehen, die du in der nächsten Dekade auf deinem Planeten beobachten wirst. Du hast dich auf diese Epoche vorbereitet. Du bist bereit. Zögere nicht, deiner inneren Stimme zu folgen. Du kennst deinen Weg. Du bist bereiter, als du denkst. Wisse, du kannst deinem inneren Wissen vertrauen. Du wirst geführt.

Du wirst von deinen spirituellen Führern geleitet. Man spricht von diesen Wesen als den spirituellen Begleitern oder Schutzengeln. Man bezeichnet sie auch als Intuition, als „Ahnung", als Einsicht, als Inspiration. Im Altertum sprach man von ihnen als den Musen. Du bist von deinen spirituellen Hütern geführt worden, seitdem du dich für die physische Form entschieden hast. Die meisten von ihnen haben nie physische Form angenommen. Einige aber mögen es in einer früheren Inkarnation getan haben, um mit dir in Kontakt zu kommen. Sie mögen ein oder zwei physische Leben gewählt haben, um kennenzulernen, was du in dieser Form erfährst. Es ist schwierig für uns zu wissen, was du in deiner Dimension erfährst. Auch Zeit ist ein schwieriges Gedankengebäude für uns, weil wir jenseits aller Zeit leben.

So lange wie ihr auf eurem Planeten seid, haben eure geistigen Führer das Erwachen eures Bewußtseins geleitet. Ihr braucht nicht zu wissen, daß sie da sind. Sie sind da. Sie wirken auf dich im Schlaf. Doch würden sie es vorziehen, direkt mit dir in Verbindung zu treten. Sie wissen alles über dich. Sie sind mit deinem höheren Bewußtsein verbunden und können dir so Dinge eingeben, die du als Gedanken wahrnimmst. Dies wird Inspiration genannt. Eure Begleiter würden es vorziehen, direkt mit euch Kontakt zu haben.

Du kannst dich mit deinen Begleitern einfach dadurch verbinden, daß du dich hinsetzt oder hinlegst und deinen Körper entspannst. Während du dich entspannst, bemerke in deinem Körper jede Anspannung und lasse sie los. Wenn du es dir bequem gemacht hast, kannst du deinen Atem benutzen, um jeden beunruhigenden Gedanken, den du erfahren magst, loszulassen. Sowie dein Geist relativ klar ist, kannst du darum bitten, daß einer deiner weiblichen Schutzengel vor dir erscheinen möge. Dann mußt du dem vertrauen, was passiert. Manchmal sind sie nicht bereit, sich zu zeigen. Du kannst dich mit ihnen verbinden, ob du sie nun mit deinem geistigen Auge siehst oder nicht. Nicht jeder kann Bilder auf Anfrage visualisieren. Es kann sein, daß du dich mit deinen Schutzengeln nur über eine sprachliche Nachricht verbinden kannst. In beiden Fällen ist es deine Aufgabe, dir selbst zu vertrauen und zu wissen, daß dir deine Begleiter zur Verfügung stehen, und ihren Informationen zu vertrauen. Sie werden in deinen Gedanken als die erste Antwort auf eine Frage, die du stellst, auftauchen.

Du kannst deinen inneren Führern jede Frage stellen:

Nur, vertrau der Antwort, die du erhältst. Am besten übst du, dich mit ihnen über Angelegenheiten zu verständigen, die für dich gefühlsmäßig nicht brisant sind. Das heißt, es ist wirkungsvoller, am Anfang eine relativ unwichtige Frage zu stellen, die auf dein Leben eine relativ kleine Wirkung ausübt, als mit wichtigen Problemfragen anzufangen. Wenn sich deine Technik verbessert hat, kannst du die emotional stark geladenen Fragen stellen. Vertrau deiner ersten Antwort. Deine Führer sind für dich da.

Nachdem du mit deiner weiblichen Begleiterin Kontakt aufgenommen hast, frage sie nach ihrem Namen, damit du sie in Zukunft rufen kannst. Dann kannst du einen deiner männlichen Begleiter rufen. Gewöhnlich haben Menschen zumindest einen weiblichen und einen männlichen Begleiter. Ein verstorbener Verwandter ist kein wahrer spiritueller Führer. Falls während dieser Übung einer deiner verstorbenen Verwandten oder Freunde vor dein geistiges Auge tritt, frag ihn nach seiner Botschaft. Höre seine Antwort. Sprich alles aus, was du ihm sagen willst. Dann entlasse ihn zurück in das Licht, zurück in die Quelle aller Energie. Dann bitte darum, daß dir einer deiner wahren spirituellen Begleiter gesandt wird. Wisse, deine Begleiter sind für dich da. Du kannst ihnen jede erdenkliche Frage stellen, möge sie weltlicher oder spiritueller Natur sein.

* * * *

Du hast dich entschlossen, dich in dieser Periode der Erdentwicklung in physischer Form zu verkörpern. Du hast dich entschieden, Teil der gegenwärtigen Bewußtseinsveränderung zu sein. Du bist bereit, deine Rolle in diesem Transformationsprozeß anzunehmen. Wieder erinnern wir dich daran, daß die Form nicht wichtig ist; das Medium ist nicht die Botschaft. Für welche Form auch immer du dich entschieden hast, sie ist nicht so wichtig wie deine Verpflichtung, deine eigene Wahrheit, deine Empfindungen, dein eigenes Wesen auszudrücken. Du bist durch einen Prozeß gegangen, in dem du deine karmischen Illusionen freigesetzt hast. Wisse, die Grenzen, die deinem Bewußtsein gesetzt waren, sind von dir selbst nicht ohne Grund gesetzt worden. Dein Geist und seine karmischen Muster sind nicht deine Feinde. Du hast entschieden, all das zu erfahren, um dein Mitgefühl und deine Erfahrung menschlichen Lebens zu vertiefen. Du hast diese Begrenzungen gewählt. Es gab einen Grund für die Entscheidung, dein Wissen um deine eigene Wahrheit zu verhüllen. Alles ist vollkommen. Es gibt keinen Irrtum im göttlichen Plan. Als ein Ausdruck göttlicher Energie hast du dich nicht geirrt. Es war richtig, daß du dein Wissen um deine wahre Identität auf deine Weise begrenzt hast. Doch jetzt ist es Zeit, diese Begrenzungen aufzugeben. Du hast damit schon angefangen. Nun kannst du dich bewußt diesem Prozeß verpflichten, karmische Muster und begrenzend mentale Entscheidungen loszulassen, die deine gegenwärtige Realität und deine gegenwärtige Erfahrung davon, wer du bist, formen. Wir werden dir den Weg zeigen. Du bist nicht dein Ich. Es ist für dich an der Zeit, dein eigenes göttliches Wesen zu entdecken. Es ist Zeit, daß du diese Essenz, diese Energie bewußt im Reich der menschlichen Erfahrung verkörperst.

* * * *

So wie du nicht dein Ich bist, bist du auch nicht deine Geschichte. Vielleicht bist du dir dessen bewußt, daß du nicht das Ergebnis deiner Erziehung bist, weder deine Familie, deine Religion noch die Freunde haben dich geformt. Vielleicht bist du dir dessen bewußt, daß du mehr als das bist, was du gesehen, gedacht und in diesem Leben erfahren hast. So ist es. Ebenso wahr ist es, daß du nicht die Geschichte all deiner sogenannten vergangenen Inkarnationen bist. Es kann schwieriger sein, dein Selbst all den Rollen zu entlocken, die du in der Vergangenheit, in anderen Inkarnationen gespielt hast. Es kann schwieriger sein, dein Selbst aus den Schichten des Karmas herauszuarbeiten, das du in anderen Inkarnationen angenommen hast. Du kannst nur der Wahrheit vertrauen, daß du mehr als jede der Rollen bist, die du jemals in einer Inkarnation gespielt hast. Du mußt wissen, daß du dir all die Grenzen, die du erfährst, selbst auferlegt hast. Es ist Zeit, diese Grenzen loszulassen.

In vergangenen Inkarnationen hast du Entscheidungen getroffen, die du damals als Wirklichkeit akzeptiert hast. Ihr habt ein heiliges Buch, in dem es heißt: „Am Anfang war das Wort, und das Wort war bei Gott, und das Wort war Gott." Das ist eine Wahrheit. Alle Schöpfung kommt aus Gott. Gott manifestiert sich durch das Wort. Alle Dinge werden durch ihre Bekanntgabe in die Manifestation gerufen. Als göttliches Wesen, das du bist, rufst du deine Realität durch dein Wort in die Verkörperung. Ob das Wort, aus dem du schöpfst, bewußt oder unbewußt ist, hängt von dem Grad deiner Bewußtheit ab. In dem Maße, wie du „schläfst", schöpfst du aus deinem Unbewußten. Das heißt, dein Wort ist Teil einer mechanischen

Reaktion auf ein Programm deines Unbewußten. Diese Programme entstammen oft vergangenen Erfahrungen.

Diejenigen von euch, die mit der Psychologie vertraut sind, wissen, wie Entscheidungen der Kindheit die Wirklichkeit des Erwachsenen formen können. Der gleiche Mechanismus gilt für vergangene Leben. Entscheidungen, die du in anderen Leben getroffen hast, gehen in dein Unbewußtes ein. Solche Entscheidungen nehmen ihre eigene Wirklichkeit an. Sie werden Gott. Aus diesem Gott wird dann eine Wirklichkeit erschaffen, die deine ursprünglichen Entscheidungen reflektiert. Du hast nur vergessen, daß du sie selbst gemacht hast. Sowie es die moderne Psychologie einem Individuum ermöglicht, sich der Entscheidungen und Urteile bewußt zu werden, die es in der Kindheit gemacht hat, erlaubt dir die Überprüfung deiner vergangenen Leben die Bewußtwerdung der Entscheidungen, die du in anderen Inkarnationen gemacht hast, um sie loszulassen. Dadurch erschaffen diese Entscheidungen vergangener Leben nicht länger unbewußt deine gegenwärtige Realität. Das heißt, deine unbewußten Programme bestimmen nicht länger dein alltägliches Leben. Unbewußte Entscheidungen ins Licht zu bringen, erlaubt es dir, diejenigen Entscheidungen loszulassen, die für deine gegenwärtige Lebenserfahrung ungeeignet sind oder deinem gegenwärtigen Lebensplan nicht dienen. Dies ist Teil des Erwachens. Es ist Teil deiner Verantwortung für die vielschichtige Natur deines Wesens. Unbewußte Entscheidungen aus anderen Leben loszulassen, ist auch Teil davon, wie du dich aus Begrenzungen befreist, die du deiner göttlichen Energie aufgesetzt hast. Du hast die Macht, diese Strukturen loszulassen, die du selbst erschaffen hast, und dein göttliches Selbst für die volle Manifestation in der physischen Realität zu befreien. Wir unterstützen dich.

Reinkarnations-Therapie ist ein nützliches Werkzeug, um das Unbewußte von Entscheidungen zu reinigen, die deine Realität im Heute eingrenzen. Reinkarnations-Therapie erlaubt dir, begrenzende Entscheidungen der Vergangenheit loszulassen und für deine jetzige Realität die Verantwortung zu übernehmen. So wirst du frei, deine Gegenwart bewußt zu erschaffen.

* * * *

Du hast dich auf diese Zeit vorbereitet, seitdem du dich entschieden hast, auf deinem Planeten eine menschliche Form anzunehmen. Du bist auf die Erde gekommen, um dich auf die Rolle vorzubereiten, die du während dieses Überganges im Bewußtsein, der jetzt auf deinem Planeten stattfindet, einnehmen wirst. Noch bevor du dich entschieden hast, auf den Planeten Erde auszuwandern, wußtest du, wie die „Geschichte" der Erde verlaufen würde. Du wußtest, daß diese äußerst wichtige Zeit kommen wird, wo die Wesen damit konfrontiert würden, sich zwischen ihren negativen menschlichen Mustern oder ihrem Höheren Selbst zu entscheiden. Diese negativen menschlichen Muster sind Teil eines jeden von euch. Es sind nicht die negativen Muster der Person oder der Gruppe allein, die mit *einem* Knopfdruck das nukleare Disaster auslösen könnten, nein, auch du, der du dieses Buch liest, hast negative menschliche Muster. Wir nennen diejenigen Muster negativ, die auf Furcht basieren, auf Mangel an Vertrauen, auf Wettbewerb, Gier, Neid, Lust und Haß. All diese Muster und die Emotionen, die mit diesen Mustern verbunden sind, führen in Richtung Trennung. Die höheren Werte der Liebe, der Kooperation, des Mitgefühls und Einfühlungsvermögens führen in Richtung Vereinigung. Für die Wesen, die sich gegenwärtig auf dem Planeten Erde in physischer Form manifestieren, ist es Zeit, sich von der Trennung abzuwenden und sich bewußt für die Muster, Gefühle und Anschauungen zu entscheiden, die sich auf Einheit gründen.

* * * *

Du hast dich auf das nächste Jahrzehnt seit vielen, vielen Leben vorbereitet. Du bist bereit voranzugehen. Du bist bereit, dich selbst zu disziplinieren, um deine Bestimmung in diesem Leben zu erfüllen. Du brauchst nicht besorgt zu sein, weil du die Form deines Beitrages noch nicht kennst. Es reicht, wenn du weißt, daß du auf deinem eigenen Weg bist, daß es in der Richtung, auf die du zusteuerst, keinen Irrtum gibt. Ohne deine Bereitschaft, diese Worte zu hören, wäre dieses Buch nicht zu dir gekommen. Dein Verstand mag deine Bereitschaft in Frage stellen, doch dein höheres Selbst hat deine Welt so organisiert, daß diese Worte zu dir kommen können und dein Geist sie aufnimmt.

Lächle nicht über das, was du gerade gelesen hast. Dein höheres Selbst gestaltet jeden Moment deines täglichen Lebens. Es gibt keinen Irrtum. Du kannst der Führung und der Ausrichtung deines höheren Selbst widerstehen; doch was deine Ego-Persönlichkeit gegen dein höheres

Selbst ausrichten kann, ist die Verlangsamung deiner Entwicklung. Du kannst deine Entwicklung bremsen, aber du kannst deinen Weg nicht verändern. Du kannst Widerstand leisten. Doch Widerstand ruft Leiden hervor. Ein Teil deines Wesens kennt immer die Wahrheit, und du kannst der Wahrheit nicht für immer widerstehen. Solange du der Wahrheit widerstehst, fügst du dir selbst Leid zu. Es ist nicht notwendig zu leiden. Wenn du im Fluß deines höheren Selbst lebst und deiner Bestimmung folgst, gibt es kein Leiden. Es kann emotionalen Schmerz geben, wenn du vergangenes Leiden noch einmal an dir vorüberziehen läßt und dann freigibst. Das geht jedoch vorbei und hat mit der Vergangenheit zu tun. Wenn du dich einmal ganz und gar verpflichtest, deiner Bestimmung zu folgen, ist das Leiden für dich auf der Erde beendet. Du, als göttliches Wesen, hast deine Erfahrung in menschlicher Form nicht entworfen, um zu leiden. Leiden wird durch den Widerstand der Ego-Persönlichkeit gegenüber der Wahrheit hervorgerufen. Je mehr du und deine Schwestern und Brüder sich auf das reine Wesen der Wahrheit auf dem Planeten Erde zubewegen, desto mehr Leiden wird aus der menschlichen Erfahrung entlassen. Du hast dich deiner Bestimmung genügend ergeben, daß dieses Buch seinen Weg zu dir finden konnte. Wir freuen uns darüber.

* * * *

Ihr auf der Erde seid selbstzufrieden geworden. Ihr habt das Dasein eures Planeten für selbstverständlich genommen. Doch ihr könnt euch nicht länger den Luxus der

Selbstzufriedenheit erlauben. Euer Planet ist in Nöten. Es kann und muß viel getan werden, um die Erde zu retten. Es ist Zeit, ihr zu erlauben, ihr Bewußtsein zu verändern. Sie bewegt sich auf ein neues Stadium ihres Bewußtseins zu. Wie der Mensch damit aufhört, gewisse Substanzen, die er in seiner Unbewußtheit genoß, zu sich zu nehmen, wenn sich sein Bewußtsein entwickelt, so kann auch euer Planet die Substanzen nicht länger dulden, die ihn vergiften und die er bisher zu einem gewissen Grad toleriert hat. Du hast wahrscheinlich auf deiner eigenen „Reise" bemerkt, daß dich Drogen, Koffein, Zigaretten, rotes Fleisch und schwere Süßigkeiten nicht länger ansprechen, wenn deine Empfindungsfähigkeit erwacht. Du magst nicht länger Substanzen in dich aufnehmen, die eine Wirkung auf deinen Körper haben; Substanzen, die deinem Geist ein gewisses Maß an Unbewußtheit erlaubten, sind nicht länger tolerierbar. So geht es auch eurem Planeten. Er war einst fähig, ein gewisses Maß an Vergiftung zu dulden. Diese Zeit ist jedoch vorbei. Wir können nicht oft genug darauf hinweisen, daß euer Planet — genau wie ihr — ein Wesen auf dem Weg zur Verwirklichung seines höheren Selbst ist. Wie ein Mensch, der sich entwickelt, kann auch er das Maß an Unbewußtheit nicht länger dulden oder sich gar daran erfreuen, waß ihm einst vertraut und angenehm war. Er kann nicht länger die Radioaktivität in seiner Atmosphäre ignorieren. Er kann das Gift in seinen Flüssen nicht mehr unschädlich machen. Er kann den Raubbau und den Erstickungstod seiner Bäume nicht länger hinnehmen. Er wird darauf antworten. Seine Toleranzgrenze reichte bis in die Vergiftung hinein. So wie der menschliche Körper ein gewisses

Maß an Mißbrauch ertragen kann, so kann dies auch euer Planet. Doch diese Toleranzschwelle ist jetzt erreicht.

Die Menschen auf eurem Planeten ziehen sich eine Krankheit zu, die AIDS genannt wird. Diese Krankkheit ist das Ergebnis des Zusammenbruchs des menschlichen Körpers. Auch das Immunsystem eures Planeten bricht zusammen. Wenn diese Unausgeglichenheit nicht aufhört, hört das Immunsystem eures Planeten auf, funktionsfähig zu sein, und Krankheit wird sich einnisten. Dies ist nicht nur eine Metapher. Es ist die Wahrheit. Euer Planet kann nicht mehr Verschmutzung ertragen und dabei gesund überleben.

* * * *

Ihr, die ihr in physischer Form auf dem Planeten Erde lebt, erkennt nicht, wie gefährlich eure Situation ist. Ihr habt seit Generationen auf ähnliche Weise gelebt. Die Unterschiede sind relativ gering gewesen. Die Gesellschaft hat sich — ökonomisch gesehen — erfahrungsgemäß und, soweit es den täglichen Komfort betrifft, ständig verbessert. Ihr nehmt vieles für selbstverständlich. Ihr nehmt euren Planeten für selbstverständlich. Ihr nehmt euer total abgesichertes Leben für selbstverständlich. Und ihr geratet außer euch oder fühlt euch betrogen, wenn eure Erwartungen einmal nicht erfüllt werden. Ihr müßt aufwachen. Ihr müßt erkennen, daß euer Planet nicht überleben kann, wenn die Verschmutzung, die jetzt erreicht ist, weiter fortschreitet. Wenn die Menge an Giften, die in die Atmosphäre, die Flüsse, die Ozeane und in die Erde selbst geschüttet wird, in den nächsten zehn

Jahren der Menge der vergangenen zehn Jahre gleichkommt, wird euer Planet nicht überleben. Drastische Maßnahmen sind erforderlich. Vieles ist versäumt worden. Diese Bequemlichkeit ist vergleichbar mit der in einer Beziehung. Einer der Gatten sagt dem anderen, daß er unglücklich ist. Es gibt Spuren, die auf den Kummer hinweisen. Doch der Gemahl hat seine Gattin so lange als einen Teil der Einrichtung des Hauses angesehen, daß er nicht zuhört. Es ändert sich nichts. Dann kommt er eines Tages nach Hause und stellt fest, daß die Gemahlin gegangen ist. Er ist schockiert und wütend und fühlt sich ungerecht behandelt. Es könnte auch mit eurem Planeten ähnlich geschehen. Ihr habt ihn für selbstverständlich genommen. Er hat auf seine Belastung hingewiesen. Ihr seid alle von seiner Not unterrichtet worden. Wenn sich nichts ändert, kann es eines Tages sein, daß ihr aufwacht, und er ist fort. Dies ist wichtig.

Der Mensch ist kurzsichtig. Der einzelne denkt an seinen eigenen Komfort, seinen eigenen Profit, seine eigene Bequemlichkeit, bevor er an das Ganze denkt. Der moderne Mensch ist der Natur so entfremdet, daß er seine Einheit mit allem, was ist, nicht erkennt. Der Mensch kann mit der Natur in Harmonie leben; dies würde jedoch einige entscheidende Veränderungen im Lebensstil und im Denken der Menschen erfordern. Diese Veränderungen müssen jetzt kommen. Wenn die Dinge so wie jetzt weitergehen, wird es keinen Lebensstil mehr aufrechtzuerhalten geben. Wir können dies nicht stark genug betonen. Ihr müßt damit aufhören, euren Planeten zu töten. Ihr habt euch an den Tod gewöhnt. Ihr seht ihn in euren Filmen und auf euren Fernsehschirmen zu Hause. Ihr werdet dem Verlust des Lebens gegenüber taub. Du mußt aufwachen, bevor das Wesen, das sein Leben verliert, euer Planet selbst ist. Wach jetzt auf, solange du noch einen Planeten hast, den du lieben kannst!

* * * *

Euer Planet bittet euch um Beistand. Er braucht eure Hilfe. Du kannst ihm helfen. Du kannst seiner Bitte entsprechen. Du kannst viele, viele Dinge tun, um ihm beizustehen. Er braucht deine Kooperation, deine Gebete, deine Handlungen. Du kannst ihn heilen. Du und deine Menschenbrüder und -schwestern können diesen Planeten heilen.

Du kannst damit beginnen, daß du die Erde als ein lebendes Wesen ansiehst. Du kannst sie als deine Mutter betrachten und dich selbst als ihren Sprößling. Dies ist in vieler Hinsicht nicht zutreffend, doch entspricht dieses Denkmodell dem menschlichen Geist. Du kannst damit anfangen, über sie zu meditieren. Wenn du in deiner Meditation zu ihr sprichst, sozusagen telepathisch, wird sie dir antworten. Es kann schon genug sein, wenn du dich jeden Morgen fragst: „Was kann ich für dich, Mutter Erde, heute tun?" In deinen Gedanken wird eine Antwort auftauchen. Vertraue einfach und reagiere auf die Antwort. Oder du kannst dich in einen entspannten, meditativen Zustand versetzen. Dies wird deine Kommunikation mit der Erde erleichtern. Du solltest ungestört sein und in einer bequemen Haltung einfach jede Muskelgruppe deines Körpers entspannen und deine Augen schließen. Dann sende dein Bewußtsein tief in die Erde hinein. Frage sie, was du für sie an diesem Tag tun kannst. Wenn sie sagt: „Liebe mich einfach", was sie oft tut, dann frage sie, wie du diese Liebe an diesem Tag zeigen kannst. Sie wird antworten. Handle der Antwort gemäß, und du wirst in deiner Beziehung zu ihr allmählich Vertrauen entwickeln. Das ist der Anfang.

Du kannst natürlich auch das politische Spiel spielen, um deiner Mutter zu helfen. Du kannst Briefe an deine Vertreter in der Regierung schreiben, du kannst für Gesetze stimmen, die dem Planeten dienen. Du kannst eine Lobby ins Leben rufen oder Petitionen einbringen, die die Gesetzgebung zugunsten der Erde beeinflussen, statt der Bequemlichkeit des Menschen und seinem Profit zu dienen. Du kannst die Gesetze befolgen und die guten Gedanken, die schon bestehen. Mit anderen Worten, du kannst für deinen Abfall die Verwantwortung übernehmen und ihn nicht einfach verstreuen. Du kannst die Geschwindigkeitsgrenzen beachten, um nicht übermäßig schädliche Gase in die Atmosphäre zu senden. Du kannst den Geschöpfen der Mutter Erde helfen und für sie sorgen, für beide, die Menschen und die Tiere. So könntest du dich für die Bedürfnisse und das Elend der gefährdeten Arten auf eurem Planeten sensibel machen. Du könntest an dem Programm teilnehmen, das die Wale rettet. Du könntest für die internationale Föderation des Wildschutzes spenden. Es gibt viele, viele Wege, die sich anbieten, wie du deine Liebe für den Planeten zeigen kannst.

Eine der wirkungsvollsten Weisen jedoch, Liebe zu zeigen, ist es, ein Liebender zu sein. So schlagen wir vor, daß du dir — wie ein Schatz mit seinem Geliebten — die Zeit nimmst, mit deinem Planeten zusammen zu sein.

Fahr hinaus aus deiner kleinen oder großen Stadt und sei in einer natürlichen Umgebung. Nimm dir Zeit, deine Erde zu lieben und zu schätzen. Laß sie wissen, daß du sie wunderschön findest. Würdige all die Geschenke, die sie dir gemacht hat. Laß sie wissen, daß sie dir wert waren und immer wert sein werden. Es ist wirkungsvoller, wenn du dies mit anderen zusammen machst. Nimm deine Freunde mit in die Natur und verbringt Zeit damit, eure geliebte Mutter Erde zu schätzen. Seit Äonen Erdenzeit hat sie für euch gesorgt, während ihr euch immer wieder dafür entschieden habt, auf ihr zu inkarnieren, damit euer Bewußtsein wachsen und sich eure Erfahrung von der physischen Realität vertiefen konnte. Ihr habt den Boden, auf dem ihr Jahrhunderte lang gewandelt seid, für selbstverständlich genommen. Nun ist die Zeit der Umkehr gekommen. Es ist Zeit, eure Erde so zu lieben, wie sie euch geliebt hat.

* * * *

Wir freuen uns über diese Gelegenheit, in direktem Kontakt mit dir zu sein. Wisse bitte, du bist wichtig. Du kannst zur Gesundung und zu einem langen Leben deines Planeten beitragen. Du bist dir oft der Wirkung, die du haben kannst, nicht bewußt. Du mußt darauf vertrauen, daß eine Seele viele andere bewegen kann, wenn ihre Herzen voller Liebe und ihre Absichten klar sind. Dies erscheint wie eine riesige Aufgabe, und das ist es auch. Doch es ist nicht anstrengend. Es ist nicht schwer, deinen Planeten zu lieben. Er hat dich Äonen lang geliebt, und jetzt ist es an der Zeit, daß du diese Liebe zurückgibst.

Wir verstehen, daß dir diese Aufgabe überwältigend

erscheinen mag. Wir bitten dich ja nicht, dein ganzes Leben zu ändern. Doch mag es in deinem Lebensstil einige Verhaltensweisen geben, die deine Liebe und deinen Respekt für die Natur und für deinen Planeten nicht ausdrücken. Diese bitten wir dich nur zu ändern.

Wenn du gelegentlich Abfälle verstreust, dann höre auf damit. Wenn du mehr Konsumgüter verbrauchst, als nötig sind, schau hin und überlege dir, wo du das reduzieren kannst. Jede Flasche aus Plastik bleibt für immer auf eurem Planeten. Wenn du immer noch irgendeine Art Spraydose verwendest, dann geh über zu einem Produkt ohne Aerosol. Wenn es Zeitungen oder andere Papierprodukte gibt, die du erhältst und die dein Leben nicht bereichern, dann beende das Abonnement. Dies wird das Fällen der Bäume verringern und schließlich die Menge an Abfall, die beseitigt werden muß. Vielleicht möchtest du deinen Hof, dein Auto oder den Fußweg vor deinem Wohnhaus säubern. Jede noch so kleine Tat zählt. Wenn du wandern gehst, nimm eine Plastiktüte mit und heb den Abfall auf, den du auf deiner Wanderung findest. Es gibt viele, viele kleine Taten, die zählen und schließlich einen großen Unterschied machen. Es ist symbolisch für deine bewußte Absicht, wenn du für den Planeten sorgst. Wenn du bewußt und aufmerksam handelst, repräsentierst du viele Menschen, die den Planeten reinigen und für ihn sorgen. Das hat eine viel größere Wirkung auf das kollektive Unbewußte, als du erkennen kannst. Hinzu kommt, daß du ein praktisches Beispiel setzt. Dies verursacht eine Wellenwirkung und ist sehr nützlich. Ein Mensch wird zu den vielen. Auf diese Weise kann einer bedeutend zur Heilung und zur Pflege des Planeten beitragen.

Wenn du in einer Position bist, wo du den Planeten in größerem Ausmaß heilen oder dich in eine solche Position bringen kannst, dann bitten wir dich, dies zu tun. Vielleicht hast du eine Firma oder bist an einer beteiligt, die die Umwelt verschmutzt. In diesem Fall bitten wir dich, dich für Änderungen einzusetzen. Auch wenn es anfangs so aussieht, als ob das wirtschaftliche Nachteile hätte, mußt du wissen, daß du für diese Maßnahmen belohnt werden wirst. Du wirst einen Planeten haben, auf dem man leben kann. Außerdem wirst du auf andere Weise Unterstützung erhalten, finanziell und durch das Ansehen und die Achtung, die dir andere entgegenbringen. Das wird dich für die scheinbaren finanziellen Verluste entschädigen, die dir durch solche Veränderungen entstehen.

Vielleicht möchtest du außerdem Petitionen durchführen, Briefe an die Regierung schreiben oder Gruppen beitreten oder unterstützen, die sich für den Schutz der Umwelt und der Natur einsetzen. Das wäre sehr nützlich. Die Autofahrer unter euch können die Geschwindigkeitsbegrenzungen einhalten; weil dadurch nur ein Minimum an schädlichen Gasen in eure Atmosphäre gelangt. Diejenigen von euch, die es gewohnt sind, schnell zu fahren, müssen tatsächlich lernen, sich am Gemeinwohl auszurichten, statt an dem, was für einige wenige das Beste ist. Eure Bequemlichkeit ist ein kleiner Preis, den ihr bezahlt, um eure Wälder zu retten, die euch den Sauerstoff erhalten. Du weißt nicht wirklich, was für eine Wirkung der Verlust von Bäumen auf deine eigene Gesundheit hat. In dem Maße, wie der Sauerstoff in deiner Umgebung abnimmt, steigt die Menge an giftigen Gasen. Dies verursacht alle Arten von Krankheiten. Es trägt zum Zusammenbruch des Immunsystems im menschlichen Körper bei und greift auch alles andere Leben in der Natur an. Du kannst dir nicht mehr vormachen, daß deine pünktliche Ankunft bei einer Verabredung oder vier Stunden Autoreise anstatt viereinhalb es wert sind, dich und deine Umgebung zu vergiften. Sie sind es nicht wert. Es muß etwas geändert werden, und ihr müßt jetzt damit beginnen. Das ist keine Möglichkeit, die ihr noch lange aufschieben könnt. Bitte, fangt jetzt an.

* * * *

Dein Planet braucht deine Mitwirkung. Dein Planet braucht deine Partnerschaft. Wir tun unser Bestes, um diese Informationen in eure Realität zu bringen. Mehr können wir nicht tun. Wir brauchen die Kooperation und Unterstützung von euch in der physischen Form. Es muß ein gemeinsames Bemühen sein. Vielleicht denkst du oft, daß alles auch ohne dein Bemühen gelöst werden kann. Das ist nicht so. Du mußt mitarbeiten. Hab keine Angst, daß du dein Leben verlieren könntest, wenn du mitmachst. Wir verlangen keine Opfer auf irgendeiner Ebene. Das heißt, daß es dich nicht viel Zeit zu kosten braucht oder gar deinen Ruf oder deine Stellung innerhalb deiner Gruppe. Du wirst dein Leben tatsächlich eher finden, als es verlieren. Dienst an anderen ist der Weg, die Fülle deiner eigenen Lebendigkeit zu erlangen. Es ist deine Gelegenheit zu entdecken, daß du mit allem, was ist, verbunden bist. Warte nicht länger. Du wirst jetzt gebraucht. Wir warten darauf, daß du mithilfst. Wir erwarten, daß du dich für deinen Planeten, für deine Brüder und Schwestern, für dich selbst einsetzt. Zögere nicht länger. Es kann alles gut werden, wenn du deinen Teil beisteuerst. Wir tun unseren Teil. Komm und spiel mit uns das Spiel der Rettung des Planeten Erde. Wir lieben dich.

Du kannst derjenige sein, der den Ausschlag gibt. Wir haben dir viele Vorschläge gemacht. Nun ist es an dir, diese Schritte zu tun. Liebe deinen Planeten. Liebe dich selbst so, wie du geliebt wirst.

* * * *

Ihr auf eurem Planeten seid daran gewöhnt zu denken, daß das Leben immer so weitergehen wird, wie es in der Vergangenheit gewesen ist. Das ist nicht so. Ihr seid euch dessen bewußt geworden, daß euer Planet sich in einer ökologischen Krise befindet. Das stimmt. Er ist auch in einer spirituellen Krise. Für den Planeten Erde ist es jetzt Zeit zu erwachen. Als empfindendes Wesen, als in Form manifestierter Geist mußt auch du erwachen, so wie dein Planet erwacht. Dafür mußt du bestimmte Anforderungen erfüllen. Du mußt allmählich Verantwortung dafür übernehmen, daß du wahrhaftig in Form manifestierter Geist bist.

Du hast dich dafür entschieden, in dieser Krisenzeit auf deinem Planeten in einer physischen Form zu sein. Auf einer Ebene deines Bewußtseins weißt du, daß du an diesem Erwachen mitzuwirken hast. Dazu bist du gerade jetzt in menschlicher Form auf der Erde. Viele, viele, die von anderen Erfahrungen herkommen, haben sich versammelt, um zu dieser Zeit in menschlicher Form auf eurem Planeten zu sein. Du bist Teil eines sehr großen

Planes. Das kollektive Bewußtsein hat diese Zeit zur Zeit des Erwachens innerhalb der physischen Form bestimmt. Viele der herkömmlichen Religionen sind sich dessen bewußt gewesen, daß die Form der Ort, die Erfahrung ist, in der man am besten zur Erleuchtung gelangen kann. Es ist Zeit, daß du deine eigene Erleuchtung in Anspruch nimmst, während du in der Form bist.

Viele eurer Mitmenschen werden in den nächsten zwei Jahrzehnten ihre Form hinter sich lassen. Verhafte dich nicht an der Form deiner Erfahrung. Physische Form ist nur eine der Erfahrungen, die deinem gesamten Wesen zur Verfügung stehen. Diese Reinigung der Bevölkerung eures Planeten ist tatsächlich eine Gelegenheit für viele, die Wahrheit zu erfahren, daß sie Wesen oder Geist oder göttliche Energie sind, die sich in physischer Form manifestiert. Der Prozeß, diese physische Form zu verlassen, wird viele eurer Brüder und Schwestern die Wahrheit ihrer Identität erkennen lassen. Er wird ihnen helfen, sich von den Werten und Vorstellungen zu lösen, mit denen sie sich früher identifiziert haben. Es gibt auf eurem Planeten gerade eine Krankheit, die vielen Menschen diese Gelegenheit bietet.

Die Krankheit AIDS ist für die Menschen, die sie als Hilfsmittel (engl. aid = Hilfe, Anm. d. Übs.) für ihr eigenes Erwachen gewählt haben, tatsächlich eine Hilfe. Trauert deswegen nicht. Es ist Teil des Plans, den alles Bewußtsein sich ausgedacht hat. Jene Menschen haben diesen Weg gewählt. Vielleicht haben sie sich bewußt für diese Gelegenheit des Verlassens der physischen Form entschieden, um dadurch persönliche Erleuchtung zu erlangen. Vielleicht benutzen sie auch einfach die Krankheit, um vergangenes Karma abzuschließen und ihre persönliche Programmierung für das Erwachen zu reinigen, das dann in ihrer nächsten Inkarnation für sie möglich sein wird.

Trauert nicht. Wenn ihr Menschen kennt, die gerade durch einen langsamen Krankheitsprozeß ihren Körper verlassen, dann steht ihnen bei. Helft ihnen, die Gelegenheit zu erkennen, die sie sich selbst erschaffen haben, diesen Übergang zu nutzen, um sich der Wahrheit ihrer Identität, die weit über die Form hinausreicht, bewußt zu werden.

Es wird auch Naturkatastrophen geben und technologische Katastrophen, die viele Menschen in die Erfahrung ihres Seins jenseits der Form katapultieren werden. Wenn du dich entscheidest zu erwachen, ohne den Schock eines plötzlichen Todes oder die Wachstumsgelegenheit eines langsamen Sterbens dafür zu brauchen, wirst du von diesen beiden Erfahrungen auch nicht betroffen. Du hast selbst schon für das Wachstum gesorgt, das dein höheres Wesen sich wünscht, und brauchst dafür die Form nicht zu verlassen. Dies ist jedoch nicht als Überlebenstechnik gedacht. Erleuchtung geht weit über ein Verhaftetsein an die physische Form, an menschliche Werte oder an die Erde hinaus. Dies sind nur Bruchteile deiner vollständigen Erfahrung als Wesen. Du bist Energie, die sich durch viele Dimensionen der Erfahrung gleichzeitig bewegt. In dem Maße, wie du dir dieser Wahrheit bewußt wirst, läßt dein Verhaftetsein an die Form nach. In dem Maße, wie du immer mehr deine wahre Identität jenseits aller Form erfährst, wird dich der Verlust der Form, den du oder deine Brüder und Schwestern vielleicht gewählt haben, um sich in eine wahrere Erfahrung ihres eigentlichen Wesens zu katapultieren, immer weniger bekümmern. Sei nicht traurig. Nutze diese Zeit für dein eigenes Erwachen und dazu, dieses Erwachen mit deinen Brüdern und Schwestern zu teilen, die sich nicht dafür entschieden haben, in dieser Zeit in der Form zu bleiben.

* * * *

Es kommen viele Veränderungen auf euch zu. Du wirst, während dieses Jahrhundert zu Ende geht, viele Erfahrungen durchlaufen. Klammere dich nicht an das, was du kennst. Sei bereit, dich von Menschen, von Plätzen, von Berufen zu lösen und vor allem von deinen eigenen Ideen und Vorstellungen darüber, wer du bist. Eure Vorstellungen sind äußerst begrenzt. Das ist ganz natürlich, und du sollst dich deswegen nicht schlecht fühlen. Es ist Teil des menschlichen Mechanismus, sich mit der Form zu identifizieren. Ihr seid jetzt jedoch in der Lage, die menschlichen Mechanismen hinter euch zu lassen. Ihr habt eine Vielzahl von Techniken und Möglichkeiten, euer Identitätsgefühl von eurer Form und euren menschlichen Konzepten zu lösen. Wir machen in dieser Zeit das menschliche Bewußtsein sehr aufmerksam. Viele Wege in vielen verschiedenen Vokabularien stehen euch offen. Du kannst dir den Weg, die Lehre, die Techniken und die Prozesse aussuchen, die am besten zu deiner eigenen Schwingung passen. Alle Wege führen zu einem Ziel. Jeder Weg hat jedoch seine eigenen Vorteile und Nachteile. Du mußt dir den Weg auswählen, der dir am besten hilft, voranzukommen und deine Erfahrung darüber, wer du wirklich bist, zu erweitern.

Du kannst zum Beispiel einen traditionell religiösen Weg wählen. Dieser Weg funktioniert, wenn du zwischen der innewohnenden Wahrheit dieser Religion und dem unterscheiden kannst, was dieser Religion durch begrenzte menschliche Konzepte hinzugefügt worden ist. Menschliche Ängste bilden Konzepte, die in alle Religionen der Erde eingegangen sind. Wenn du genügend Klarheit und Vertrauen in deine eigene Wahrnehmung hast, um die menschlichen Zutaten zu erkennen, die die Wahrheit in der ursprünglichen Religion, zu der du dich hingezogen fühlst, verfälscht haben, dann kannst du den Weg der traditionellen Religionen benutzen, um die Einheit mit Gott zu erfahren. Wenn du jedoch einen solchen Weg konzeptualisierter Spiritualität wählst, wie ihn die traditionellen Religionen anbieten, dann ist es von allerhöchster Wichtigkeit, daß du deinem eigenen inneren Wesen vertraust und eher die Erfahrung suchst, als dich am Glauben festzuhalten. Glaube ist eine intellektuelle Erfahrung, eingeschränkt durch die Grenzen des menschlichen Denkvermögens. Dies sind eindeutig Grenzen. Die Wahrheit ist letztendlich nicht intellektuell. Die Wahrheit ist eine dein ganzes Wesen umfassende Erfahrung der inneren Gewißheit, des Einsseins, der Vereinigung mit der Schöpfung. Wenn du die traditionelle Religion nutzen kannst, um diese Erfahrung zu machen, dann ist dieser Weg für dich richtig. Wenn nicht, dann mußt du andere Mittel finden, um erleuchtet zu werden. Erleuchtung ist einfach eine Erfahrung deines innersten Wesens als Licht. Licht wird als Metapher für das Sein benutzt, für Bewußtsein, für das, was Liebe genannt wird. Du bist schon Liebe. Du bist schon Licht. Der Prozeß der Erleuchtung besteht darin, die

Schleier deines Bewußtseins zu entfernen und diese Wahrheit zu erfahren.

Du kannst dich auch für einen der vielen nicht-traditionellen Wege entscheiden, um die Schleier der Illusion von deinem Bewußtsein zu heben. Es gibt viele Wege, und in dem Maße, wie das Bewußtsein auf eurem Planeten immer mehr erwacht, werden noch mehr auf eure Erfahrungsebene gebracht. Diese Prozesse und Techniken, die mit dem in Zusammenhang stehen, was ihr als das Denken des Neuen Zeitalters bezeichnet, sind sehr zahlreich. Du mußt den Weg oder nacheinander die Wege finden, die am besten mit deiner Energie in Einklang stehen. Im Verlaufe eurer Inkarnationen in menschlicher Form habt ihr eine bestimmte Energielinie entwickelt. Diese Energielinie wird euch in die Richtung ziehen, die am besten zu eurer besonderen Ausformung als Geist in Form paßt. Vielleicht mußt du viele dieser Wege des Neuen Zeitalters ausprobieren, bevor du einen findest, der mit dem gegenwärtigen Stand deines Bewußtseins in Einklang steht. Scheue dich nicht, viele Techniken und Lehren auszuprobieren, um den einen Weg zu finden, der deiner Energie am besten entspricht. Ein Weg ist nicht besser als der andere. Du hast dein individuelles Bewußtsein auf bestimmte Wege vorbereitet, auf andere nicht. Es gibt keine Bewertung der Wahl deines ganz eigenen Weges. Einer ist nicht besser oder höher als der andere. Es geht einfach darum, die Energielinie zu finden, die dich am meisten anzieht, am meisten erregt und dich auf deiner individuellen Reise des Erwachens am lebendigsten macht. Wir wollen diese Wege besprechen.

* * * *

Im Neuen Zeitalter stehen dir viele Techniken zur Verfügung, die dich auf deiner Reise zu deiner wahren Identität untertützen. Die älteste und zugleich neueste dieser Techniken ist die Meditation, und es gibt viele Formen davon. Meditation bringt dich in dein ureigenes inneres Wesen, in das Universum, das in dir liegt. Es gibt viele traditionelle Meditationsformen, die sehr wirksam sind, und vielleicht funktionieren sie für dich. Es gibt auch viele neue Wege, um zu meditieren. Bewegung ist eine Technik, durch die ein Mensch das in ihm liegende Universum erfahren kann. Viele Menschen können zum Beispiel einen meditativen Zustand beim Laufen erreichen. Wenn man so läuft, daß man den Körper nicht mehr beachtet, kann man einen ähnlichen Bewußtseinszustand erfahren wie in einer ruhigen Meditation. Auch durch Bewegung und Tanz ist es möglich dahinzukommen. Wenn man selbst zur Musik wird, ist man meditativ. Wenn man zur Bewegung des eigenen Körpers wird, wenn die Gedanken verschwinden, dann ist man in Meditation. Finde du die Form der Meditation, die deiner Energie am meisten entspricht.

Es gibt einige Faktoren, die ungeachtet der Form der Meditation immer gleich bleiben. Es ist zum Beispiel äußerst hilfreich, *regelmäßig* zu meditieren. Wir schlagen dir vor, jeden Tag zur gleichen Zeit und am gleichen Ort zu meditieren. Vielleicht möchtest du auch jeden Tag die gleichen Kleider für dein Meditationserlebnis anziehen. Sogar wenn du dich entscheidest, für dein Meditationserlebnis zu laufen oder zu joggen, schlagen wir vor, daß du jeden Tag den gleichen Weg läufst. Du wirst den Weg schließlich so gut kennen, daß du deiner Umgebung keine

Beachtung mehr zu schenken brauchst, und es wird dir möglich sein, nach innen zu gehen. Meditation erfordert Disziplin — als eine Bereitschaft zu lernen —, und jeden Tag zur gleichen Zeit zu meditieren, ist eine Disziplin. Diese Beständigkeit wird es dir erlauben, ein meditatives Leben zu führen, das für deine Reise zur Wahrheit deiner Essenz hilfreich sein wird.

Es gibt heute viele Bücher, die deine Energie und Aufmerksamkeit auf neue Ebenen der Selbsterkenntnis heben können. Das Lesen hilft dir bei deiner Weiterentwicklung. Wie auch dieses Buch werden jetzt viele Bücher von anderen Bewußtseinsebenen in deine Dimension gebracht. Wenn du offen bist, wirst du zu den Büchern geführt, die dir auf deiner Reise helfen. Du kannst dein höheres Selbst bitten, dich mit den Büchern in Kontakt zu bringen, die dein Wachstum fördern. Es gibt eine Faustregel: Wenn dir ein Buch dreimal empfohlen worden ist oder wenn du dreimal davon gehört hast, dann solltest du es lesen. Zur Zeit wird von vielen Autoren sehr viel altes Wissen gechannelt und in das Vokabular des 20. Jahrhunderts übersetzt. Nimm diese Gelegenheit wahr.

Wir schlagen dir auch vor, mit anderen über dein spirituelles Wachstum zu sprechen. Umgib dich mit Freunden, die sich auch ihrem eigenen Erwachen verpflichtet haben. Ihre Energie nährt dich und unterstützt dich in deinem Erwachen. Vielleicht möchtest du dich einer Gruppe anschließen, die mit einer bestimmten Lehre arbeitet. Das kann sehr hilfreich sein. Es gibt viele solche Gruppen, z.B. Meditationsgruppen oder Studiengruppen. So zum Beispiel jene, die mit dem Material der Seth-Bücher arbeiten. Es gibt Gruppen, die den „Course In

Miracles“ studieren oder die esoterischen Schriften von Gurdjeff. Und es gibt sogenannte Heilungsgruppen. Es wäre gut, eine Gruppe zu finden, in der du dich zu Hause fühlst, und das für dein Wachstum zu nutzen. Auch deine Freunde spielen in deinem Leben eine sehr wichige Rolle und beeinflussen deine Schwingung. Wähle dir Freunde, die dich inspirieren. Trenne dich von den Freunden, die deine Energie herunterziehen. Treue ist keine Entschuldigung, und du mißbrauchst dich selbst, wenn du mit Menschen zusammen bist, die dir deine Energie rauben. Menschen sollten dich erfüllen und nicht leer machen. Wähle dir Menschen zur Gesellschaft, die dein Wesen mit Liebe erfüllen. Es gibt viele davon. Sei einfach offen.

* * * *

Viele von euch werden sich zu Gruppen und Seminaren hingezogen fühlen, die euer Erwachen unterstützen können. Aber denkt daran, daß der Guru, der Lehrer, in eurem Inneren liegt. Jede Arbeit, die dich dafür öffnet, deine innere Weisheit zu erfahren, hilft dir. Folge deinem Instinkt und werde nicht zum Mitläufer. Du kannst an den Gruppen teilnehmen, die dich am besten darin unterstützen, dich selbst zu entdecken, aber suche die Wahrheit nicht außerhalb deiner selbst. Du kannst lernen und durch viele Gruppen und viele verschiedene Gedankenschulen wachsen. Deine Antworten kannst aber nur du selber finden. Andere können Licht auf die Antworten werfen, die in deinem Inneren liegen, aber du mußt nach innen gehen, nicht nach außen, um deine Antworten zu finden. Auch dieses Buch ist nur ein Wegweiser, eine Reihe von

Vorschlägen, über die du nachdenken kannst. Die Wahrheit liegt in dir, sie ist nicht außen zu finden.

So stehen dir auf deiner Reise zu dir selbst viele Hilfen zur Verfügung; alte Traditionen oder New Age-Techniken. Was immer dir dienlich ist, ist gut. Meine nicht, daß es für dich oder für andere nur einen Weg gibt. Viele Wege führen ins Licht. Folge einem Weg, solange er dir hilft, und finde dann einen neuen, der dich auf deiner Reise zur Wahrheit untertützt.

* * * *

Es gibt für dich als Individuum viele Weisen, am Wandel des Bewußtseins und an dem Umschwung teilzunehmen, den die Erde, die du dein Zuhause nennst, erfährt. Du kannst den Planeten auf unterschiedliche Weise lieben, und du kannst dein eigenes Bewußtsein so entwickeln, wie wir es vorgeschlagen haben. Auch kannst du das Bewußtsein der Erde erhöhen, wenn du dein Wachstum und deine Aufmerksamkeit mit anderen teilst. Vielleicht möchtest du bestimmte Fähigkeiten schon weitergeben, während du sie entwickelst, Handlesen zum Beispiel oder Numerologie oder Psychische Massage, und deine Freunde und Verwandten gelegentlich daran teilhaben lassen, bevor du bereit bist, sie professionell auszuüben. Das kann dir sehr helfen. Vielleicht hast du mehrere Freunde, die wie du zu ihrem spirituellen Selbst erwachen. Wir schlagen vor, daß du diese Freunde einlädst, ihr euch regelmäßig als spirituelle Gruppe versammelt und euch gegenseitig unterstützt. Auch kannst du einfach mit deinen Freunden und den Menschen, die du liebst, über dein Wachstum sprechen. Es erwachen heute viele Menschen zu ihrer geistigen Wirklichkeit. Viele zögern noch, ihre Erlebnisse mit anderen zu besprechen, weil sie sich fürchten, verspottet zu werden. Je offener du deinem eigenen geistigen Wachstum gegenüberstehst, desto offener werden auch andere nicht nur dir gegenüber, sondern auch sich selbst gegenüber sein. Dies ist eine Zeit voll freudigen Erwachens. Nimm daran teil!

* * * *

Solltest du Freunde zu einer spirituellen Gruppe versammeln wollen, haben wir ein paar Vorschläge für dich, wie du eure Zusammenkünfte strukturieren kannst. Betrachte sie für den Anfang als Hilfe, denn wenn deine Gruppe eine Gruppenenergie entwickelt hat, wirst du auf ganz natürliche Weise wissen, was zu tun ist.

Es empfiehlt sich, eine solche spirituelle Wachstumsgruppe mit 5-10 Menschen zu beginnen, die in ihrer Entwicklung annähernd gleich sind. Jemand, der zum Beispiel an seinem eigenen Erwachen schon viele Jahre lang gearbeitet hat, hat nicht viel davon, mit einem Menschen, der gerade anfängt, in einer Gruppe zu sein. Menschen, die gerade anfangen, können jedoch sehr viel voneinander haben, wenn sie ihre Erfahrungen offen und ehrlich miteinander austauschen. Das ist ziemlich klar. Suche dir Menschen, deren Energie miteinander in Harmonie steht, denn sonst redet man bei den Zusammenkünften mehr über persönliche Probleme als über das spirituelle Wachstum. Natürlich kommen bei allen menschlichen Begegnungen Probleme zwischen den Persönlichkeiten an die Oberfläche, du kannst aber im voraus wissen, ob dies zum Hauptproblem zwischen bestimmten Menschen werden wird. Es ist deshalb besser, eine harmonische Gruppe zu bilden, als Zeit mit Persönlichkeitskonflikten zu vergeuden. Wenn du eine Gruppe gefunden hast, die bereit ist, offen zu sein und sich auf das eigene spirituelle Wachstum forschend einzulassen, dann wähle eine regelmäßige Zeit für eure Treffen. So wie es hilft, immer zur gleichen Zeit zu meditieren, so hilft es auch, sich regelmäßig mit seinen spirituellen Weggenossen zu treffen. Es kann hilfreich sein, wenn ihr euch immer am gleichen Ort trefft, oder vielleicht wollt ihr euch auch immer an einem anderen Ort treffen. Achtet jedoch darauf, daß ihr ungestört seid und nicht durch Telephon oder andere Menschen unterbrochen werdet. Sich in einem Lokal zu treffen, ist deshalb nicht ratsam. Ihr braucht einen Raum, in dem ihr gemeinsam meditieren könnt. Das läßt sich sicher arrangieren.

* * * *

Vielleicht möchtet ihr eure Gruppe mit einer stillen Meditation beginnen. Das trägt dazu bei, die Energien der einzelnen Teilnehmer miteinander zu verschmelzen. Dann könnte jeder Teilnehmer ein wenig darüber sprechen, wo er oder sie sich in ihrer spirituellen Entwicklung und Erfahrung gerade befindet. Ihr könnt auch für jedes Treffen ein Thema vereinbaren, zu dem dann jeder vorliest. Wenn ihr zum Beispiel an einem Abend Edelsteine besprechen wollt, kann jeder zur Vorbereitung ein anderes Buch über Edelsteine lesen. Dann könnt ihr eure Informationen vergleichen, und einer von euch könnte eine

Kristall-Meditation leiten. Ihr könntet auch die Anweisungen aus einem der Bücher befolgen und an einem Gruppenmitglied ausprobieren, wie man mit Edelsteinen heilt. Die gemeinsame Meditation ist wichtig. Wenn du mit anderen Menschen meditierst, die auch ernsthaft an ihrer Entwicklung arbeiten, macht ihr tiefere Meditationserfahrungen, und du kannst mit Hilfe ihrer Energie weiter in die Meditation hineingehen.

Es gibt viele Möglichkeiten, euer erstes Treffen zu gestalten. Ein Freiwilliger könnte zum Beispiel das Treffen nach seinem ganz speziellen Interesse vorbereiten und ein Thema dafür wählen, das allen etwas bringt. Dies erlaubt den Menschen, Verantwortung für ihre eigenen spirituellen Interessen zu übernehmen.

Denkt daran, Erleuchtung heißt, leicht zu sein. Es braucht nichts ernstgenommen zu werden außer der Verpflichtung gegenüber deiner eigenen spirituellen Entwicklung. Seid nicht feierlich. Seid nicht tugendhaft. Habt keine Angst, Spaß zu haben. Ihr als geistige Wesen seid in die Form gekommen, um euch zu freuen. Ihr könnt euch daran freuen, daß ihr euch wieder daran erinnert, wer ihr seid. Es ist alles ein Spiel und soll Spaß machen.

Wie schon erwähnt, kannst du dich auf deiner spirituellen Reise auch dadurch unterstützen, daß du immer wieder Zeit allein in der Natur verbringst. In der freien Natur zu sein und dich der Schönheit und der Energie des Planeten zu öffnen, hilft dir sehr, jenseits des Verstandes die Einheit von allem, was ist, zu erfahren. Der Planet möchte von dir wertgeschätzt werden. Er möchte geliebt werden. Er wird dich für deine Aufmerksamkeit dadurch belohnen, daß er dich in weiterem Umfang erfahren läßt, wer du bist. Du bist eins mit allem Bewußtsein. Ermögliche dir, diese Wahrheit zu erfahren.

* * * *

Wir habe viele Vorschläge gemacht, die dir bei deinem spirituellen Erwachen helfen können. Letztendlich gibt es nichts außerhalb von dir, das dir helfen kann. Du mußt es selbst in die Hand nehmen, du mußt handeln. Sei dir darüber im klaren, daß du damit häufig gegen deine eigene persönliche Programmierung und gegen die Norm deiner Gesellschaft arbeiten wirst. Deine Freunde werden vielleicht nicht verstehen, daß du lieber zu Hause bleibst und meditierst, anstatt mit ihnen einen Cocktail zu trinken. Hinzukommt, daß du aus anderen Inkarnationen persönliche Programmierungen mitbringst, die deiner Suche nach Erleuchtung vielleicht entgegenstehen. Vielleicht hattest du irgendwann einmal ein Leben, in dem du auf Gott wütend geworden bist und dich von Gottes Energie getrennt hast. Vielleicht bist du gesteinigt oder auf dem Scheiterhaufen verbrannt worden oder wurdest für deine Arbeit mit Gottes Liebe auf andere Weise verfolgt. Diese Leben können in deiner Zellstruktur Widerstände dagegen bilden, dich Gottes Arbeit und der Erfahrung seiner Liebe noch einmal hinzugeben. Nimm deinen eigenen Widerstand nicht zu ernst. Denk daran, daß er nur oberflächlich ist. Er ist in deinem Geist und deinem physischen Körper einprogrammiert, aber das ist relativ oberflächlich im Verhältnis zu deinem gesamten Wesen. Nimm dir deinen Widerstand nicht zu Herzen.

Vergiß auch nicht, daß du ein Ego hast. Dein Ego möchte nicht, daß du deine Verbindung mit dem Göttlichen erfährst. Es würde ja bedeuten, daß das Ego in deinem Leben nicht die höchste Instanz ist. Dein Ego tut gern so, als hätte es dein Leben in der Hand, und möchte seine Stellung als Direktor deiner bewußten Wahrnehmung gar nicht gern verlieren. Deshalb wird es immer Widerstand leisten, wenn du aus deiner getrennten individuellen Identität heraustrittst und anfängst, die Einheit mit allem, was ist, zu erfahren. Diese Einheit ist die Wahrheit. Die Trennung ist Illusion. Du bist wahrhaftig eins mit allem Bewußtsein.

Dein Ego wird sich gegen diese Erfahrung sträuben, aber nimm es nicht so ernst. Es übt lediglich seine Funktion aus. Wir haben schon an anderer Stelle gesagt, daß du dich mit deinem Ego anfreunden kannst. Im Grunde möchte es von dir beachtet werden. Wenn du ihm diese Beachtung schenkst, die es haben will, braucht es sie nicht dadurch an sich zu reißen, daß es dein Leben bestimmt. Freunde dich mit ihm an. Sprich mit deinem Ego, frage, was es braucht, und erfülle seine Bedürfnisse. Betrachte dein Ego in deinem spirituellen Erwachen als deinen Partner. Wenn es erst einmal dein Freund ist, kann es dir helfen. Es ist nicht dein Feind. Ihr könnt viel Spaß miteinander haben. Mache es zu deinem Partner. Wenn dein Ego dann auf dem Weg zur Erleuchtung gelegentlich Widerstand leistet, ist das für dich einfach ein Signal dafür, daß du Fortschritte machst. Dein Ego ist Teil deines Gepäcks als menschliches Wesen und braucht nicht vernichtet zu werden. Es läßt sich nicht aus deinem Leben auslöschen. Du brauchst es nur zu transzendieren und als Freund anzunehmen. Freue dich an deinem Ego.

* * * *

Viele unter euch haben in diesem großen Prozeß des Erwachens ihren Platz noch nicht entdeckt. Wir schlagen deshalb vor, daß ihr euch umschaut und Wege findet, die euch helfen können, zur Wahrheit eurer Identität zu erwachen. Dann wirst du auch von der Aktivität, die mit deiner Energie in Einklang ist, angezogen werden. Vielleicht ist es ein Bereich, den du entwickelst und später anderen weitergibst. Du wirst von der Aktivität angezogen, die am besten zu deiner ganz speziellen Energie paßt. Wahrscheinlich hast du diese Affinität in anderen Inkarnationen, auf der Erde oder anderswo, entwickelt. Du hast in dem Erwachen, das auf der Erde vor sich geht, eine ganz bestimmte Funktion. Deshalb liest du auch dieses Buch. Du brauchst nur die Ausdrucksform zu finden, die am besten zu deiner Energie paßt. Erinnere dich jedoch daran, daß die Form des Ausdrucks nicht wichtig ist. Wichtig ist, daß die Form zu deiner Schwingung und zu deiner Geschichte paßt. Der Inhalt ist wichtig, nicht die Form. Viele werden sich zur Arbeit mit dem Körper hingezogen fühlen, andere zu einer Arbeit, die den Intellekt miteinbezieht. All diese Aktivitäten werden zu weiteren führen, und während du deine Fertigkeiten und deinen Ausdruck entwickelst, wirst du Menschen anziehen, die darauf antworten. Erinnere dich jedoch, daß nur die Liebe, die durch all dies ausgedrückt wird, wirklich wichtig ist: wichtig ist allein die Absicht zu heilen, zu erwecken, dich zu verbinden. Alles andere gehört der Welt der Formen und der persönlichen Geschichte an und ist nicht bedeutend. Du bist dabei, die Form und die persönliche Geschichte zu überschreiten und jene Elemente der menschlichen Existenz zu überwinden, die dich von anderen trennen. Liebe, die Absicht, einen anderen Menschen, der ein Teil von dir selbst ist, zu heilen, der Wunsch, mit diesem Göttlichen in vollem Bewußtsein eins zu sein, das ist in dieser Zeit des Erwachens wichtig. Du wirst auf deinem Weg begleitet. Vertrau darauf, daß der Ausdruck der Liebe, der zu dir paßt, dich auch finden wird.

Wisse auch, daß sich die Ausdrucksform ändern wird, während du dich entwickelst. Wir haben es schon erwähnt. Halte dich nicht an einer Form des Ausdrucks fest, auch nicht an einer Philosophie oder an einem Lehrer. Erinnere dich daran, daß du durch viele Bewußtseinsstadien hindurchgehst, während du erwachst. So gibt es auch viele Ausdrucksformen, Disziplinen und Lehrer, die während der unterschiedlichen Stadien deiner Reise zu dir sprechen können. Es kann sein, daß es nicht ein System oder einen Lehrer für deine gesamte Reise gibt, sondern mehrere. Halte nicht an Dingen fest, die dir nicht helfen. In dem Maße, wie du erwachst und dich entwickelst, mußt du alle Bindungen an all die Aktivitäten, Orte und Menschen loslassen, die dich auf deiner Reise zum Erwachen nicht unterstützen. Du urteilst dabei nicht. Du folgst nur deiner Erfahrung. Wenn du in einer bestimmten Lehre oder mit einem bestimmten Lehrer nicht länger wachsen kannst, dann sei bereit, etwas zu ändern. Sei bereit, einen neuen Ausdruck für deine Energie zu finden oder Informationen aus anderen Quellen zu empfangen als der, mit der du dich noch bis vor kurzem identifiziert hast.

Wie schon erwähnt, wird es Dinge, Orte und Menschen in deinem täglichen Leben geben, die du liebevoll loszulassen lernst, wenn du deiner eigenen Wahrheit näherkommst. Zögere nicht, sie loszulassen. Denk daran, daß du bei deinem Erwachen ziemlich empfindlich bist. Deshalb mußt du dir der Erlebnisse, die du dir erschaffst, bewußt sein. Du mußt Erlebnisse, Orte und Menschen wählen, die dich unterstützen. Das ist kein Urteil gegen irgend etwas oder jemanden oder gegen irgendeinen Weg, sondern bedeutet lediglich, daß du in deiner Entwicklung bewußt ganz liebevoll mit dir umgehen mußt. Vielleicht mußt du deinen Lebensstil verändern, vielleicht auch nicht. Wir sagen nicht, daß du Dinge und Aktivitäten loslassen sollst, die dir helfen. Du sollst kein Schmetterling sein, der von einer Aktivität zur anderen flattert. Viele Lehren erfordern Hingabe und Zeit, um die Verbundenheit mit ihnen herzustellen, durch die sie wirken können. Auch kannst du deine Erfahrung in einem Beruf oder mit einem bestimmten Menschen dadurch verändern, daß du dein inneres Selbst änderst, daß du eine andere Beziehung dazu herstellst. Vielleicht kannst du das tun und dabei wachsen. Das ist unser erster Vorschlag. Wenn das jedoch nicht möglich ist, oder wenn der Ort oder der Mensch in deinem Leben keine große Bedeutung haben, dann empfiehlt es sich vielleicht, sie loszulassen.

Wenn es Orte gibt, wo du hingehst, die dich aber nicht inspirieren und erbauen, dann geh nicht mehr hin. Wenn es keinen Grund dafür gibt, der deinem Wachstum dienlich ist, dann ist es nicht sehr sinnvoll, an einen Ort zu gehen, der dich nicht aufbaut. Wenn du zum Beispiel immer in einem Restaurant gegessen hast, wo dich die Einstellung der Menschen oder die Energie des Ortes nicht inspiriert, dann finde lieber einen neuen Platz, der dir guttut. Vielleicht mußt du auch deinen Arbeitsplatz wechseln, um dir auf diese Weise treu zu sein. Vielleicht mußt du umziehen. Hab keine Angst, all die Orte zu verlassen, die dir nicht dienen. Das gleiche gilt auch für die Menschen, mit denen du zu tun hast. Wenn du mit dem Menschen, der deine Energie herunterzieht, nur am Rande zu tun hast, ist es wahrscheinlich einfacher, die Verbindung zu ihm zu lösen, als zu versuchen, eure Beziehung zu verändern. Einige Menschen in deinem Leben werden dir aufgrund eurer Beziehung verbunden bleiben. Die Beziehung zu deinen Eltern und Kindern und zu deinen Geschwistern wird das ganze Leben lang dauern, ob du nun mit ihnen in Verbindung stehst oder nicht. Dies sind die lebenslangen Beziehungen, die du dir gewählt hast. Du hast sie aus einem bestimmten Grund gewählt und kannst daran wachsen. Vielleicht mußt du jedoch auch hier etwas ändern, damit die Beziehung für dich zufriedenstellend wird. Das ist absolut möglich. Viele von euch haben das schon getan. Wir schlagen deshalb vor, daß du dir die Beziehungen in deinem Leben einmal anschaust und siehst, welche dich nähren und dein Wachstum unterstützen, welche neutral und vielleicht unbedeutend sind und welche dich ärgern und deine Schwingung senken. Dann verändere deine Beziehungen so, daß sie deiner Verpflichtung, liebevoll mit dir umzugehen, und deinem Wachstum dienen. Du brauchst nicht mit Menschen umzugehen, die dir nichts geben. Sei bereit, deine Verbindung mit denen loszulassen, die dir nicht dienlich sind. Denk daran: Treue ist oft eine Entschuldigung dafür, nicht zu deiner eigenen Erfahrung und deinen eigenen Bedürfnissen zu stehen.

* * * *

Dieses Buch soll dich daran erinnern, daß du eine Aufgabe auf der Erde hast. Du spielst in dem Erwachen, das auf der Erde stattfindet, eine Rolle. Wir schlagen dir deshalb vor, eine Ausdrucksform zu finden, die deiner Energie entspricht. Mach dir über die Form keine Sorgen. Sie wird sich dir von selbst offenbaren. Konzentriere dich auf deine tiefe Verpflichtung der Erde gegenüber und auf deinen Wunsch, deiner Liebe und Fürsorge für den Planeten Ausdruck zu verleihen. Dann wird dir offenbar werden, in welcher Form das geschehen kann.

Es ist auch so, daß du im Laufe deiner Entwicklung bestimmte Gewohnheiten ablegen mußt, ebenso wie du Menschen losläßt. Vielleicht hast du schon begonnen, darauf zu achten, was du in deinen Körper einläßt. Das ist wichtig. Die medizinischen und die nicht-verschreibungspflichtigen Drogen, an die einige von euch gewöhnt sind, sind nicht gut für euch. Manchmal mögen verschreibungspflichtige Medikamente notwendig sein. Wenn dies jedoch nicht der Fall ist, solltet ihr sie besser nicht einnehmen.

Vielleicht kannst du dir schwer vorstellen, bestimmte Gewohnheiten und Süchte aufzugeben. Es ist jedoch an der Zeit, süchtig nach deinem eigenen Wohlbefinden zu werden. Vielleicht möchtest du tanzen. Dein Körper ist voller Energie und verlangt danach, sie auszuleben. Wenn du anfängst, dich von deinen Süchten zu lösen, dann mußt du Wege finden, den Streß oder die Spannung, die sich in deinem Körper anstauen, loszulassen. Es müssen aktive Methoden sein, denn nicht alles kann durch Meditation transzendiert werden. Hinter vielen deiner Süchte stehen ursprüngliche Bedürfnisse, die unerfüllt sind. Finde diese Bedürfnisse heraus und sieh zu, wie du sie erfüllen kannst.

* * * *

Ihr geht einer Zeit großer Freude auf der Erde entgegen. Vergiß nicht, daß die Störungen, die ihr erlebt, eine Reinigung und Befreiung von negativer Energie darstellen. Dadurch wird viel Freude entstehen, und vieles kann geheilt werden. Widersetze dich den Veränderungen nicht, die jetzt begonnen haben. Denk daran, daß du ein Mikrokosmos der Erde bist. Je leichter du im persönlichen Bereich loslassen kannst, je mehr Liebe du zulassen, je mehr persönliches Leiden du loslassen kannst, desto einfacher wird es für die Erde sein, durch ihre Veränderungen hindurch in das neue Zeitalter überzugehen. Jedesmal, wenn du einen negativen Gedanken losläßt und durch einen liebevollen ersetzt, baust du ein wenig Negativität auf der Erde ab. Jedesmal, wo du bereit bist, ein hinderliches Muster aus deiner persönlichen Geschichte einfach loszulassen, löst du ein wenig von den mechanischen Mustern im menschlichen Verhalten. Jedesmal, wenn du dich über deine eigene Programmierung aus der Vergangenheit erhebst und dich frei für Liebe, für Licht und für das Leben entscheidest, erleichterst du auch dem Planeten seinen Bewußtseinswandel.

Denk daran, daß du mit dem Wesen, das du Erde nennst, verbunden bist. Du bist von ihrem guten Willen vollkommen abhängig. Du bist auch an ihr Bewußtsein gebunden. Wenn sie ihr Bewußtsein verändert, ändert sich auch dein Bewußtsein. Und umgekehrt spürt die Erde die Wirkungen deiner Bewußtseinsveränderung. Deshalb kannst du einen starken Einfluß auf das kollektive Unbewußte, das Bewußtseinsfeld, mit dem du durch die Qualität deiner eigenen Gedanken verbunden bist, ausüben. Die Gedanken, mit denen du dich beschäftigst, haben Energie. Wenn du bestimmte Gedanken, immer wieder denkst, sammelt sich Masse um diese Gedanken und sie werden zu einer Realität. Je weniger du dich mit negativen Gedanken befaßt, desto weniger Negativität wird erschaffen. Je mehr du bei positiven Gedanken verweilst, desto mehr positive Energie entsteht. Du bist der Schöpfer. Du spielst eine Rolle in dem Bewußtseinswandel deines Planeten.

Wisse auch, daß es von einem hohen Bewußtseinsstand zeugt, keine Gedanken zu haben. Dieser Zustand birgt die Möglichkeit, euren Planeten zu seiner Quelle zurückzuführen. Deshalb kann schon 1 % der Bevölkerung irgendeines Gebietes, das regelmäßig meditiert, dieses Gebiet in sehr positiver Weise beeinflussen. Ohne Gedanken wird keine Energie erzeugt, und es existiert nur die Energie der Schöpfung. Dann kann sich alles aus dem klaren Auge des Bewußtseins heraus entwickeln. Wenn sich niemand einmischt, ist die Schöpfung reine Liebesenergie. Erst durch die Einmischung der Energie menschlicher Gedanken ist die Polarität von Gut und Böse entstanden. In dem Experiment der Dualität, das die Erde darstellt, war es notwendig, den Menschen einen Verstand zu geben, der von sich aus positive und negative Gedanken erzeugen würde. Die Gedanken des menschlichen Geistes haben die Polarität erschaffen; sie müssen transzendiert werden, damit die Energie in die Schöpfung zurückfließt.

Damit das Spiel der physischen Realität in sich zusammenfallen kann, müssen die Gedanken aufhören, positive und negative Polarität zu erzeugen. Das kann einmal dadurch geschehen, daß große Menschenmassen von der Erde entfernt werden. Das löst Gedanken und verringert die Polarität von positiver und negativer Energie, so daß das physische Universum in seinen natürlichen und neutralen Zustand zurückkehren kann. Das ist jedoch nicht der bevorzugte Weg. Besser, als die physische Form zu verlassen, wäre es, wenn die Menschen aufhören würden, zu urteilen und dadurch die Pole von positiver und negativer Energie zu erschaffen. Deshalb wird in dieser Zeit Meditation so sehr empfohlen. Weniger urteilende und wertende Gedanken verringern die Polarität auf eurem Planeten. Du kannst dazu beitragen, indem du dich aus deiner eigenen Verhaftung an negative und positive Gedanken befreist. Gedanken sind Energie. Energie ist schöpferisch, und du erschaffst ständig mit deinen Gedanken. Deine Schöpfungen kommen aus dem menschlichen Verstand. Wenn du damit aufhören kannst, der Energie der Schöpfung deine eigenen positiven und negativen Gedanken hinzuzufügen, dann kann die neutrale göttliche Energie wieder alleiniger Schöpfer sein, und wir können uns dem Abschluß der physischen Realität nähern. Das erste Stadium davon ist das Neue Zeitalter.

* * * *

In der Entwicklung eures Planeten tretet ihr jetzt in eine Phase ein, die ihr das Neue Zeitalter nennt. Es ist eine Zeit des Erwachens, eine Zeit, in der ihr eure Bindung an das Negative loslassen könnt, eine Zeit, in der ihr aus der Getrenntheit in die Einheit übergeht. Es ist eine Zeit der Versöhnung. In der physischen Form könnt ihr sehr viel Freude und Liebe erleben. Jetzt ist die Zeit, wo ihr die Gedanken und Verhaltensmuster loslassen könnt, die euch von euren Brüdern und Schwestern trennen.

Dieses Neue Zeitalter, das euch prophezeit worden ist, ist jetzt da. Viele alte Werte, viele alte Gedanken- und Verhaltensmuster müssen abgelegt werden, damit euer Planet den nächsten Schritt in seiner Entwicklung tun kann. Denk daran, die Erde ist ein Wesen wie du und entwickelt sich. Du entwickelst dich mit ihm und kannst ihm als Partner beistehen. Jeder Widerstand gegen die Erfahrung von Liebe und Einssein, den du loslassen kannst, wirkt sich auf das Gesamtbewußtsein aus, mit dem alle Menschen verbunden sind. Das hilft deinem Planeten auch dabei, alten Schmerz loszulassen und in der Entwicklung seines eigenen Bewußtseins fortzuschreiten. Unterschätze die Wirkung nicht, die du als einzelner haben kannst.

Die meisten Menschen um dich herum sind unbewußt. D.h. sie reagieren mechanisch entsprechend den Programmierungen aus vergangenen Erfahrungen in der menschlichen Form. Sie haben vergessen, wer sie sind. Sie haben vergessen, daß sie selbst ihre Erfahrungen gewählt und dann erschaffen haben. Sie schlafen. Sie funktionieren automatisch. Auch du bist mehr oder weniger tief in diesem Zustand gewesen. Jetzt wachst du auf und wirst bewußt. Die Wirkung bewußten Denkens, bewußter Kreativität auf euer Gesamtbewußtsein ist weitaus größer als die Wirkung von Hunderten von unbewußten und mechanisch aus ihrer Programmierung heraus agierenden Menschen. In einer mechanischen Reaktion liegt nichts Schöpferisches. Du hast die Kraft, bewußt zu erschaffen. Wenn du diese Kraft benutzt, wirkst du viel effektiver auf alles Bewußtsein ein als die mechanischen Gedanken deiner Brüder und Schwestern, die noch schlafen. Du hast einen Beitrag zu leisten. Übernimm die Verantwortung für deine Gedanken. Benutze sie dazu, die Wirklichkeit zu erschaffen, nach der du dich sehnst. Das ist möglich. Durch die Qualität deiner Gedanken kannst du zum Erwachen des Bewußtseins auf und in deinem Planeten beitragen.

Wenn du deine eigenen inneren negativen Gedanken und begrenzenden Muster losläßt, wird dies zur Erweiterung des Bewußtseins aller Menschen beitragen. Wenn du dich selbst begrenzt, begrenzt du auch andere. Wenn du dir selbst Liebe, Vergnügen und Glück vorenthältst, verwehrst du sie auch anderen. Wenn du dich aus deiner Verhaftung an Leiden, an Wut, Zorn und Groll löst, hilfst du auch anderen, sich von diesen Erfahrungen, die die Göttlichkeit aller Wesen verleugnen, zu lösen. So kannst du auf deine Welt einwirken. In dem Maße, wie du deine eigene Unbewußtheit aufgibst, wirst du anderen helfen, wach zu werden.

* * * *

Du hast deinen eigenen Erwachensprozeß begonnen. Auf diesem Weg kannst du dir auf vielerlei Weisen Unterstützung holen. Auch deinen Brüdern und Schwestern kannst du auf vielerlei Weisen helfen, zu ihrer eigenen Wahrheit zu erwachen. Du kannst Freunde und Verwandte an deinem spirituellen Wachstum und an deiner Entwicklung teilhaben lassen, so daß sie neugierig werden und anfangen, sich für ihr eigenes Wachstum zu interessieren. Du darfst nicht vergessen, daß jedes Wesen letztendlich seinen eigenen Weg nach Hause finden muß, aber du kannst ihr Interesse an ihrer eigenen Reise wecken, wenn du sie an der deinigen teilhaben läßt.

Vielleicht bist du ein Heiler oder ein spiritueller Lehrer, vielleicht auch nicht, aber das heißt nicht, daß du andere nicht an deinem Wachstum teilhaben lassen kannst. Das kannst du immer, ganz gleich, was dein Beruf ist. Es gibt viele Wege zu heilen und viele Orte, die Licht brauchen. Glaube nicht, du könntest nur als professioneller Heiler oder Lehrer zum Bewußtsein auf eurem Planeten etwas beitragen. Lehren und Heilen kannst du unabhängig von deinem beruflichen Status, denn es gibt viele Arten zu lehren. Deine Lebensweise, dein Verhalten ist ein Anschauungsmittel für die Menschen um dich herum.

Es gibt auch viele Arten zu heilen. Du kannst heilen, indem du liebst, ohne zu urteilen. Du kannst auch allein durch deine Anwesenheit heilen. Wenn du dir deiner eigenen wahren Identität bewußt und nicht unbewußt darin verstrickt bist, vergangene Programmierungen auszuagieren, dann verändert deine Gegenwart die Schwingung aller, die mit dir in Kontakt kommen. Du kannst die Menschen um dich herum heilen, ganz gleich, in welchem Beruf du bist.

Du kannst dich an Projekten beteiligen, die der Erde helfen. Du kannst die Bücher, die du liest, an Freunde und an deine Familie weitergeben. Du kannst Bücher oder Kristalle verschenken oder andere Dinge, die den anderen in seinem Wachstum fördern. Allein schon, wenn du selbst erwachst und dein Bewußtsein erweiterst, hilfst du anderen. Du brauchst kein New Age-Heiler zu sein, um zu heilen, und du brauchst kein spiritueller Lehrer zu sein, um spirituelles Wachstum zu lehren. Deine Essenz, dein Wesen und dein Beispiel haben auf deine Mitmenschen Wirkung genug.

* * * *

Du lebst in einer Zeit großer Veränderungen und wirst dich selbst auch verändern. Hab keine Angst vor den Veränderungen. Wisse, daß sich dein innerstes Selbst nicht verändern wird. Sorge dich nicht um die Aspekte, die sich verändern. Sie sind nicht wesentlich. Sei bereit, deine Vergangenheit hinter dir zu lassen und in der Gegenwart zu sein, um die Zukunft vorzubereiten. Wenn du durchlässig und bereit bist, zu verändern und zu wachsen, wird es dir nicht schwerfallen, dich von den Mustern, von den Menschen und Orten deiner Vergangenheit, die dir nichts mehr geben, zu lösen.

Vielleicht findest du auch in deinem Heim Dinge, die dir nicht mehr dienlich sind. Laß sie gehen. Umgib dich mit den Dingen, die zu deiner gegenwärtigen Erfahrung beitragen. Du hast viel zu erfahren. Du brauchst an deiner Vergangenheit und ihren Gegenständen nicht festzuhalten. Wenn dir irgend etwas jetzt kein Vergnügen bereitet, dann entferne es aus deiner Umgebung. Noch einmal: sei bereit, all die Dinge, die gegenwärtig nicht zu deiner Freude und deinem Vergnügen beitragen, loszulassen.

Wir haben vorgeschlagen, das auch auf Menschen anzuwenden. Vielleicht behältst du für alte Freunde eine Liebe, aber wenn ihre Energie dich herunterzieht, dann verbringe keine Zeit mit ihnen. Es steht dir viel Freude zur Verfügung, und du kannst entscheiden, dich in Umgebungen, Situationen und unter Menschen zu begeben, die zu deinem Vergnügen und zu deiner Erfüllung im Leben beitragen.

Dasselbe gilt für Orte. Manche Orte oder Lebensweisen

haben dir vielleicht einmal viel gegeben, aber in deiner jetzigen Entwicklung dienen sie dir nicht mehr. Vielleicht lebst du mitten in der Stadt und spürst jetzt ein Bedürfnis nach Alleinsein und Verbundenheit mit der Natur. Sei bereit, deine Lebenssituation oder deinen Lebensstil deinem gegenwärtigen Wachstumsstand und seinen Bedürfnissen anzupassen. Vielleicht mußt du aus Arbeitsgründen die Woche über in der Stadt bleiben. Dann kannst du es jedoch arrangieren, die Wochenenden auf dem Lande zu verbringen. Vielleicht geht es dir auch genau umgekehrt. Vielleicht hast du dich in einer ländlichen Gemeinde isoliert und fühlst nun das Bedürfnis, mehr an allem teilzunehmen. Dann mußt du vielleicht in die Stadt ziehen oder dein Leben so arrangieren, daß du mehr an Aktivitäten in der Stadt teilnehmen kannst. Erstarre nicht in deiner Lebensweise. Je mehr du wächst und je mehr du mit den Veränderungen deiner Energie in Berührung bist, desto mehr Veränderungen wird es in deinem Leben geben. Das ist nicht schlecht. Sei flexibel. Die Konstante in deinem Leben ist dein Selbst und deine Verbindung zu Allem, Was Ist.

* * * *

Es ist viel über die Veränderungen gesprochen worden, die eurem Planeten vorhergesagt worden sind. Wir haben darüber gesprochen, daß du ein Mikrokosmos des Makrokosmos der Erde und menschlichen Rasse bist. Wir haben gesagt, daß Veränderungen in deinem eigenen Bewußtsein sich darauf auswirken, wie leicht die Veränderungen im Gesamtbewußtsein vor sich gehen können. Das ist wirklich so und ein Grund für dich, täglich etwas für deinen Planeten zu tun. Meine nicht, du hättest nichts mit dem Prozeß zu tun, in dem dein Planet und deine Rasse sich befindet. Dein Erwachen spielt eine wichtige Rolle im Erwachen allen Bewußtseins.

Viele Vorhersagen sind über die kommenden Veränderungen gemacht worden. Diese Vorhersagen machen unterschiedliche Angaben über die Zeit, die Orte und die Stärke der Umwälzungen. Wisse, daß die Zukunft nicht feststeht.

Die Zukunft ist veränderlich, und durch die Art, wie du auf deine Gegenwart reagierst, hast du einen Einfluß auf die Zukunft. Alles ist gut. Es wird eine Veränderung und Reinigung geben, denn das ist Teil des Planes. Es gibt nichts zu fürchten. Angst bringt Sorgen, die den natürlichen Fluß der Ereignisse unterbrechen, weil sie den natürlichen Fluß des Bewußtseins stören. Es wird Veränderungen geben, und die sind notwendig. Die genaue Zeit, der Ort und der Grad der Veränderungen sind jedoch noch nicht festgelegt. Wir wiederholen noch einmal, daß Zeit und Grad der physischen Veränderung von den Bewußtseinsveränderungen abhängen, die auf psychischer und spiritueller Ebene stattfinden. Hier kommt es auf dich an, und hier kannst du viel bewirken.

* * * *

Du bist bereit, in eine neue Phase deines Lebens einzutreten, wenn du bereit bist, dein Bewußtsein zu erweitern, und du hast mit diesem Prozeß schon angefangen, sonst würdest du dieses Buch nicht lesen. Du kannst diesen

Prozeß und dein Erwachen beschleunigen, und dazu haben wir dir viele Vorschläge gemacht. Es liegt jetzt an dir, sie aufzugreifen. Wisse, daß der Bewußtseinswandel vorprogrammiert ist. Er geschieht einfach. Ob du dich dafür entscheidest, daran mitzuwirken, und inwieweit du das tun willst, ist deinem freien Willen unterstellt. Du bist jedoch Teil eines Bewußtseinsfeldes, das sich entschlossen hat zu erwachen. Du kannst ihm widerstehen, oder du kannst es für dich geschehen lassen, du kannst aber auch aktiv an deinem eigenen Erwachen mitwirken. Diese Zeit ist voller Freude, und du bist Teil eines sehr freudigen Vorganges.

An der Oberfläche des Planeten und im Lebensstil vieler Menschen wird sich viel verändern. Du brauchst nur mit diesen Veränderungen mitzugehen und ihnen nicht zu widerstehen. Auch solltest du dich nicht fürchten. Vergiß nicht: die Form ist eine Illusion. Alle Formen verändern sich mit der Zeit. Form ist nicht das Wesen, und allein das Wesen bleibt unveränderbar. Das Wesen geht dahin zurück, von wo es gekommen ist: zur Quelle der Energie und des Bewußtseins. Arbeite für das Wesen in dir, und ehre dein inneres Selbst. Vertrau deinem inneren Wissen. Du bist dabei aufzuwachen.

* * * *

Dieses Buch wird aus einer anderen Dimension der Wirklichkeit zu euch gebracht. Wir haben keine physische Form. Wir existieren in einer Dimension der Wirklichkeit, die euch kaum bewußt ist. Wir jedoch nehmen euch wahr. Es gibt viele von uns, die sich um die Entwicklung des Bewußtseins auf der Erde kümmern. Wir sind alle miteinander verbunden. Wir sind Teil des Spiels, das eure Dimension, die physische Realität, zusammenhält. Wir arbeiten durch Medien, wie zum Beispiel diesem, mit euch, um den Bewußtseinsgrad auf der Erde anzuheben.

Dieses Buch ist eine Durchgabe. Viele Menschen channeln Informationen aus anderen Dimensionen in die eure hinein. Diese Übermittlung soll euch helfen zu erkennen, daß die physische Realität letztendlich nur ein winziger Teil aller Ebenen und aller Wirklichkeiten ist, die mit der Realität koexistieren, die du für die einzig wahre hältst. Die physische Wirklichkeit ist ein sehr begrenztes Spiel. Viele unserer „Leute" haben sich dafür entschieden, sich in physischer Form zu verkörpern, um Menschen in eurer Dimension aufzuwecken. Es ist Zeit, daß ihr merkt, daß ihr in vielen Dimensionen existiert.

Wir sind euch nicht unähnlich. Auch wir entwickeln uns noch. Alles Bewußtsein entwickelt sich ständig weiter. Alle Wesen, die eine getrennte Form der Identität aufrechterhalten, fangen an zu erkennen, daß alles Bewußtsein, daß alle Wesen eins sind. Wir, die wir uns dafür entschieden haben, einen physischen Körper beizubehalten, tun dies jetzt mit großem Risiko. Hugh Heffner hat Reisen in andere Sphären durchaus möglich gemacht. Durch diese Betonung der Phantasie hat er den Geist vieler Erwachsener befreit und es ihnen ermöglicht, andere Wirklichkeiten zu erfahren. Viele andere arbeiten daran, den menschlichen Geist von seiner starken Identifikation mit der physischen Realität zu befreien. Fürchte dich nicht davor, andere Aspekte deines Bewußtseins zu erfahren, die gleichzeitig mit der physischen Wirklichkeit in anderen Realitäten existieren.

* * * *

Du hast dich entschieden, zu diesem Zeitpunkt auf der Erde zu sein, um an der Transformation des Bewußtseins teilzunehmen. Du mußt wissen, daß du viele andere Inkarnationen auf der Erde hattest. Diese Leben haben dich sozusagen trainiert. Du hast bei der Vorbereitung auf diese Zeit viele verschiedene Erfahrungen gemacht. Du hast als Heiler gelebt, als spiritueller Lehrer, als Führer. Oft hast du dir Leben gewählt, in denen du lernen konntest, was in jeder dieser Rollen nicht funktioniert. Es ging dabei darum, dich auszubilden, damit du zur rechten Zeit bereit wärst, zur Erde zu kommen und deine Aufgabe zu erfüllen. Diese Aufgabe ist, bei der Umwandlung mitzuwirken, bei dem Erwachen, das wir alle für diese Zeit auf dem Planeten Erde geplant haben. Es war auch unsere Wahl, daß viele der Leben, in denen du dich ausgebildet hast, nicht sehr empfindsam waren. Vergiß nicht, daß du aus der Erfahrung lernst, was funktioniert und was nicht. Viele von euch haben daher gewählt zu erfahren, was nicht funktioniert. Auf diese Weise hast du dir mehrere Leben ausgesucht, in denen du Dinge tatest, die nicht funktionieren.

Du könntest zum Beispiel eine Lebenserfahrung, wo du den Mißbrauch von Macht ausprobiert hast, als Versagen betrachten. Du mußt jedoch wissen, daß du dir diese Erfahrung allein deshalb verschafft hast, um herauszufinden, was nicht geht. Unglücklicherweise haben viele von euch in den Leben, die eure Lehrjahre waren, Beschlüsse gefaßt, die immer noch eure Wahrnehmung der Wirklichkeit beeinflussen. So hast du vielleicht beschlossen, nie wieder Führer zu sein, weil du dann Fehler machst und

Menschen dadurch umkommen. Du mußt darauf vertrauen, daß die Fehler, die du in vergangenen Leben gemacht hast, berechtigt waren. Es ist nicht richtig, diese Gedanken als Urteile zu benutzen und dich durch sie von der Erfüllung deiner Aufgabe abbringen zu lassen.

Manche Menschen brauchen vielleicht Einzelsitzungen in Reinkarnationstherapie oder einer anderen nicht traditionellen Therapieform, um diese Entscheidungen loszulassen. Ihr müßt einfach wissen, daß alle vergangenen Leben eine Vorbereitung auf dieses Leben waren, genauso wie in diesem Leben alles, was bisher passiert ist, eine Vorbereitung auf den nächsten Augenblick ist. Ja, du hast Fehler gemacht, und ja, du hast versagt. Du hast diese Erfahrungen und die damit verbundenen Emotionen zu einer Zeit gewählt, die für die Entwicklung der Erde nicht kritisch war. Die uns jetzt bevorstehende Zeit ist jedoch von entscheidender Wichtigkeit. In diesem Leben hast du keine Gelegenheit, zu versagen oder deine Bestimmung nicht zu erfüllen. Lasse dich von den Glaubenssätzen, die du in anderen Inkarnationen gebildet hast nicht daran hindern, Führer zu sein, Heiler zu sein, spiritueller Lehrer zu sein oder deine Erleuchtung in sonst einer Form zum Ausdruck zu bringen, die deiner jetzigen Energie entspricht. Du bist erleuchtet, und jetzt ist es Zeit, dich daran zu erinnern. Jetzt ist es Zeit, deine Erleuchtung mit den anderen zu teilen.

* * * *

Das Buch der Mutter

Dieses Buch ist ein weiblicher Ausdruck der göttlichen Energie. Meine Form ist nicht der feste physische Gegenstand, mit dem du in deiner Dimension zu tun hast. Dennoch hebt sie sich vom reinen Raum ab. Meine Form ist ein Zusammenschluß einer bestimmten Energie, der weiblichen. Andere energetische Zusammenschlüsse vereinigen männliche Energie. Der Sinn dieses Buches ist es jedoch zu zeigen, wie notwendig zu dieser Zeit in eurer Realität weibliche Energie und sogenannte weibliche Qualitäten sind.

Nach eurer linearen Zeitvorstellung wurde vor vielen Hunderten von Jahren die Energie der Göttin als höchste Gottheit auf eurem Planeten verehrt. Damit wurden die weiblichen Eigenschaften eurer Erde anerkannt, die immer schon als Mutter der Menschheit personifiziert worden ist. Jede Kultur auf eurem Planeten und jede Geschichtsepoche hat die Erde ihrer Natur nach als weiblich und mütterlich angesehen. Ihr habt euch selbst als Kinder der Mutter Erde verstanden, und das hat natürlich mit ihrer Fruchtbarkeit zu tun. Ein Same, der in sie gepflanzt wird, wächst und blüht und trägt Früchte, genau wie ein Same im Körper einer Frau Leben hervorbringt.

Eure Erde ist weiblich, und ihr Bewußtsein ist dem euren sehr ähnlich. Sie tritt in eine Phase ihrer Entwicklung ein, die von ihren Kindern großes Einfühlungsvermögen verlangt. Sie ist in vieler Hinsicht sehr verletzlich und braucht viel Fürsorge. Ihr müßt allmählich akzeptieren, daß sie ein bewußtes Wesen ist, genau wie ihr. Sie entwickelt sich, genau wie ihr euch entwickelt. Eure Evolution ist tatsächlich eng mit der ihren verbunden. Als Mit-Wesen beeinflußt ihr euch gegenseitig in dramatischer Weise auf Ebenen des Bewußtseins, die euer Tagbewußtsein nicht ohne weiteres erfassen kann. Die Entwicklung eures Bewußtseins hängt in vielfältiger Weise von der Entwicklung dieses riesigen Wesens ab, mit dem ihr lebt.

Genauso wie das Bewußtsein eines Kindes mit dem Bewußtsein seiner Eltern oder seiner Familie verbunden ist, so ist auch euer Bewußtsein mit dem eures Planeten verknüpft. Du kannst deine Lebensumstände verändern, kannst allein oder mit anderen zusammen leben. Die Menschen, mit denen du lebst, können wechseln. Mit der Erde lebst du jedoch immer, sie ist dein ständiger Begleiter seit Äonen von Leben. Du mußt dir des Bandes zwischen euch bewußt werden. Ihr befindet euch beide an einem äußerst wichtigen Punkt eurer Evolution, und du kannst jetzt mit deiner Mutter zusammenwirken, du kannst ihr helfen, so wie sie dir seit ewigen Zeiten geholfen hat.

* * * *

Viele von euch haben in früheren Leben in sogenannten primitiven Gesellschaften gelebt, die die Erde als Mutter anerkannten und in ihr die Verkörperung der Lebenskraft verehrten. Diese Erinnerungen leben in eurem Unterbewußtsein fort, und deshalb berühren diese Worte deine Seele. Du kannst dieses Gefühl der Verehrung für die Mutter wieder in dir hervorrufen. Wenn du dich ihrer Energie öffnest und dich im Innersten von ihr berühren läßt, wird sie dir helfen, die Gefühle wieder zu erwecken, die du in den letzten Inkarnationen in den sogenannten zivilisierten Gesellschaften der modernen Welt verloren hast.

Wenn du die Erde achtest, achtest du die Lebenskraft, die allen Manifestationen, einschließlich deiner selbst, innewohnt. In all den Wirklichkeiten, die du als Mensch erfahren kannst, ist die Erde eine ewig gegenwärtige Kraft.

* * * *

Wir wollen euch daran erinnern, daß die Erde, wie viele von euch, dabei ist, in ein neues Zeitalter ihres Bewußtseins einzutreten. Sie hat dabei viele Phasen durchlaufen. Sie hat sich schon früher einmal gewandelt. In den goldenen Zeiten ihrer Jugend, in Lemuria (oder Mu, wie viele von euch es kennen) und in Atlantis, war sie offen, unschuldig und frisch, sie stand in voller Blüte. Dann kam der Wandel zum Erwachsenenalter, und sie verlor ihre Unschuld. Das brachte viele Veränderungen ihrer äußeren Form mit sich. Diese Veränderungen sind euch als der Fall jener großen Zivilisationen überliefert, von denen wir gerade gesprochen haben. Jetzt hat die Erde ihr mittleres Erwachsenenalter durchlebt und wandelt sich erneut. Im Vergleich zur menschlichen Lebensspanne geht sie jetzt etwa von ihrem 39. Lebensjahr ins vierzigste. Sie ist nicht alt, aber am Rande einer neuen Lebensphase. Bei euch gibt es einen Satz: „Das Leben beginnt mit vierzig." Dieser Satz ließe sich auch auf die Erde anwenden. Sie steht jetzt am Anfang ihrer vollen Reife.

Genauso wie ein Mensch um die Vierzig sich oft seiner eigenen Kreativität und seines ungenutzten Potentials bewußt wird, steht auch euer Planet an der Schwelle einer neuen Ära seiner Erfüllung. Er hat Weisheit erlangt, seine eigenen Bedürfnisse kennengelernt und ist jetzt bereiter, sie zu erfüllen. Dies ist eine Zeit für eure Erde, wo sie für sich selbst sorgen muß. Sie kann Mißbrauch, den sie in ihren jüngeren Jahren übersehen hat, nicht länger dulden. Sie ist auch nicht mehr bereit, sich von ihren Kindern als selbstverständliche Gegebenheit behandeln zu lassen. Ihre Kinder haben sich so weit entwickelt, daß sie für sich selber sorgen können. Das Nest leert sich gewissermaßen. Sie hat die meisten ihrer Kinder auf ein intellektuelles Niveau gebracht, wo sie für ihre Bedürfnisse selbst aufkommen können, mehr noch, sie können allmählich ihre eigenen Kräfte nutzen, um für die Mutter zu sorgen. Sie braucht sich für das Wohlergehen ihrer Kinder nicht länger zu opfern. Vielleicht sind wir heute an einem Punkt, wo das Gegenteil zutrifft, denn die Menschen sind heute bewußt genug, um gewisse Opfer für das Wohlergehen ihrer geliebten Mutter bringen zu können. Sie brauchen auch nicht mehr so viel von der Mutter zu fordern und können sich stattdessen mit ihren eigenen Fähigkeiten helfen. Sie brauchen von der Mutter nicht länger zu erwarten, daß sie wie früher für sie sorgt, als sie weniger entwickelt und unfähig waren, sich selbst zu helfen.

Gewiß, es gibt auf dem Gesicht der Mutter noch immer kleine Reste primitiver Zivilisationen, die ihrer direkteren Unterstützung bedürfen. Das ändert sich jedoch schnell. Die Kinder, die in ihrer Fähigkeit, für ihre eigenen Bedürfnisse zu sorgen, sehr hoch entwickelt sind, sind auch in der Lage, den unterentwickelten Gesellschaften auf der Erde zu helfen. Dadurch können sie der Mutter

Erde diese Last abnehmen. Das ist Teil des Planes. Deshalb bringen die entwickelteren Kinder der Erde ihr Bewußtsein, ihre Technologie, ihren hohen Entwicklungsstand in alle Bereiche des Planeten. Es ist Zeit, daß dies geschieht.

Wir verstehen eure Trauer darüber, daß die Identität einzelner Stämme und Kulturen verlorgengeht. Es kann jedoch viel getan werden, um die Einzigartigkeit der verschiedenen Kulturen zu erhalten, bevor sie in der hochentwickelten Technologie der fortgeschrittenen westlichen Zivilisationen aufgehen. Dieses Verschmelzen der weniger entwickelten Gesellschaften sollte euch jedoch nicht allzusehr beunruhigen. Es ist Teil des Planes. Wir meinen damit natürlich nicht, daß irgendeine Gesellschaft in irgendeiner Form gewaltsam aufgelöst werden sollte, aber wir sehen den Nutzen, der aus einem ehrenhaften und achtungsvollen Zusammenschluß aller Gesellschaften entsteht. Es ist ein äußeres Zeichen dafür, daß das Bewußtsein sich aus seiner Getrenntheit zur Einheit zurück bewegt. Wir freuen uns, wenn wir euch das verständlich machen können.

* * * *

Euer Planet tritt in eine Phase der Entwicklung ein, die euer Bewußtsein beeinflußt, denn es ist mit dem seinen verbunden. Deshalb könnt ihr auch miteinander kommunizieren. Du kannst in der Meditation deine Augen schließen und hören, was die Erde dir sagen möchte. Wenn du das versuchen möchtest, dann setze oder lege dich einfach entspannt hin. Atme ein paarmal tief ein und aus. Spüre dann, wie dein Bewußtsein aus deinem Körper heraus und hinunter in den Planeten geht. Es hilft dir vielleicht, wenn du dir die Schichten der Erde vorstellst, während du mit deinem Bewußsein immer weiter hineingehst und dich dem Zentrum der Erde näherst. Dann, wenn du spürst, daß ein Kontakt da ist, kannst du mit ihr kommunizieren. Du kannst ihr dafür danken, daß sie dich all die vielen Leben lang auf der Erde ernährt und unterhalten hat. Du kannst ihr Freund sein und sie in deine Liebe und Unterstützung einschließen. Vielleicht möchtest du dir jetzt ein wenig Zeit nehmen und es ausprobieren.

Euer Planet hat schon frühere Existenzen gehabt, so wie ihr auch, und viele von euch haben Karma mit ihm. Diese Denkweise ist dir vielleicht ungewohnt. Du hast dich jedoch auch in anderen Formen und auf anderen Planeten verkörpert. Viele von euch sind schon mit diesem Wesen Erde zusammen gewesen, als sie eine andere Form, eine andere Identität in einer anderen Dimension hatte. Vielleicht bist du mit ihr zusammen gewesen, als sie „Maldeck“ genannt wurde. In dieser Inkarnation ist sie durch die Aktivitäten der Wesen, die ihre Oberfläche bewohnten, zerstört worden. Sie hat seitdem noch andere Inkarnationen als Planet durchlebt. Ihre heutige Form hat sie als Instrument gewählt, durch das sich ihr Bewußtsein entwickeln kann, so wie du derzeit die menschliche Form als Instrument für deine Bewußtseinsentwicklung benutzt. Viele von euch waren unter den Wesen, deren Aktivitäten damals ihre Zerstörung bewirkten. Ihr habt jetzt die Gelegenheit, euer Karma mit ihr abzuschließen, indem ihr dafür sorgt, daß die Menschheit den Planeten nicht zerstört.

* * * *

Eure Erde wartet seit Äonen auf diese Zeit der Erlösung. Sie hat sich auf diesen Sprung ihres Bewußtseins vorbereitet, genauso wie ihr. Wundert euch deshalb nicht, wenn es zu Beginn dieser neuen Phase auf der Oberfläche des Planeten Störungen gibt. Wenn du dir deines eigenen spirituellen Erwachens schon seit einiger Zeit bewußt bist, hast du sicher bemerkt, daß mit jedem Bewußtseinssprung bestimmte vorhersehbare Ereignisse einhergehen. Du hast vielleicht bemerkt, daß mit der Verfeinerung deiner Schwingung oft die Muster, die du aus der Vergangenheit in deinem Energiefeld mit dir herumträgst, an die Oberfläche kommen, um neu betrachtet und losgelassen zu werden. Diese Muster, die sich manchmal auf deine Erfahrung negativ auswirken, hast du erworben, als deine Schwingung anders war, und damals haben sie dir vielleicht entsprochen. In dem Maße, wie sich deine Schwingung jedoch verändert, werden diese Muster losgerüttelt und kommen ans Licht, um erlöst zu werden, denn sie entsprechen deiner neuen Schwingungsfrequenz nicht mehr. Es kann Muster geben, derer du dir nicht bewußt bist. Ihre Wirkung lag vielleicht so weit unterhalb der Oberfläche deines Wachbewußtseins, daß du nie erkannt hast, wie sehr sie deine Erfahrungen beeinflussen. Wenn sie mit deiner Schwingungsveränderung jedoch an die Oberfläche kommen, wirst du erkennen, daß diese neu entdeckten Muster schon seit einiger Zeit Spannungen in dir erzeugt haben. Es hilft, diesen Prozeß der Auflösung von Mustern zu erkennen. In dem Maße, wie du zu deiner Identität erwachst, erhöhst du die Schwingungsfrequenz deines Energiefeldes.

So wie bei dir im Laufe deiner Bewußtseinsveränderung alte Muster an die Oberfläche kommen, so befreit sich auch die Erde in dem Maße, wie sie ihre Schwingungsfrequenz ändert, von Mustern oder erstarrten energetischen Blockaden. Das kann an ihrer Oberfläche als Störung oder als Klimawechsel erlebt werden. Es kann sogar die sogenannten „Naturgesetze" beeinflussen, denen ihr physischer Körper unterworfen ist. So wie ein einzelner Mensch vielleicht starke emotionale Erleichterung in seinem Energiefeld spürt, wenn seine Schwingungsveränderung blockierte Energie in seinem Emotionalkörper befreit, genauso kann auch die Erde gewisse Ausbrüche erleben. Der Mensch erlebt die Auflösung einer emotionalen Blockade vielleicht als Trauer, er weint oder wird wütend. Die Erde wird diese Befreiungen durch physische Ausbrüche ausdrücken, die ein Gegenstück zum Emotionalkörper des Menschen darstellen. Da die Erde — technisch gesprochen — nicht weinen kann, erlebt sie vielleicht, wenn ihre Traurigkeit an die Oberfläche kommt, schwere Regenfälle oder auch Zeiten ohne jeden Ausdruck, das heißt, ohne Niederschlag, also Dürreperioden. Das ist wie eine Depression beim Menschen, wo er sich aufgrund seines inneren Erlebens nicht äußern kann. Die verstärkte Vulkantätigkeit und die extremen Temperaturschwankungen, die derzeit auf eurem Planeten zu beobachten sind, sind eine Parallele zu dem Ärger, den ein Mensch erlebt, wenn sein Emotionalkörper sich reinigt und klärt. Es hilft, wenn ihr erkennt, daß dies Anzeichen der Gesundheit sind, Anzeichen einer positiven Veränderung, auch wenn die momentane Erfahrung vielleicht unbequem oder schmerzlich ist. Viele von euch haben gelernt, mit ihrem mechanischen Selbst Mitgefühl zu haben, während ihr Wesen sich voller entfaltet. Wir bitten euch, dieses Mitgefühl auch dem Planeten entgegenzubringen, wenn er sich in dieser Zeit des Wandels reinigt.

Beobachtet euren eigenen Reinigungsprozeß und schließt dann von eurer eigenen Erfahrung auf die Hinweise, die die Erde euch gibt, daß auch sie sich in einer Übergangsphase befindet. Wenn du dich in einer Übergangsphase befindest — und bei vielen von euch folgen diese Phasen sehr rasch aufeinander —, dann bist du ein bißchen empfindlich. Du bist oft emotional und gerätst leicht aus der Fassung oder aus deiner Mitte. Das gleiche gilt auch für den Planeten. Das ist für den einzelnen Mechanismus, wenn sich seine Form verändert, gesund und normal. Du mußt dir darüber im klaren sein, daß, wenn deine Schwingung sich verändert, auch deine Form anders wird. Du veränderst tatsächlich deine Form, wenn du erwachst. Viele von euch haben dies schon bemerkt, wenn ihr zum Beispiel in den Spiegel schaut oder aktuelle Fotos von euch mit denen aus früheren Jahren vergleicht. Viele von euch sehen jünger und vitaler aus, je lichtvoller sie werden. Vielleicht hast du auch Freunde, die dich auf deine veränderte Erscheinung angesprochen haben. Das gleiche geschieht mit eurem Planeten. Sei in dieser Zeit, wo du von einem dichten Energiefeld in eine höhere Schwingung übergehst, mitfühlend mit dir selbst, und verstehe auch die Erde, die einen ähnlichen Prozeß durchmacht.

Genauso, wie es wenig hilfreich ist, deinen eigenen Prozeß zu ernst zu nehmen, so ist es auch nicht gut, dich

Ängsten über den Prozeß, in dem die Erde sich gerade befindet, hinzugeben. Viele von euch haben schon erkannt, daß eure emotionalen Ausbrüche oder Angstanfälle mit dem Überwechseln von einem Bewußtseinszustand in den anderen zu tun haben. Wenn ihr euch darüber klar seid, daß das eine mechanische Reaktion ist, werdet ihr diese Ausbrüche und Anfälle nicht dramatisieren, sondern werdet euch diese Emotionen einfach gestatten, ohne darauf zu reagieren. Das ist eine normale und gesunde Reaktion auf euren eigenen Mechanismus. Genauso wenig sinnvoll ist es, sich in das Drama zu verstricken, das die Veränderungen auf eurem Planeten betrifft. Sie ist ein Wesen wie ihr, und was für dich gut ist, ist auch für sie gut und umgekehrt.

* * * *

Vielleicht bist du dir bewußt, daß deine Energieform sich in einem Prozeß der Entkristallisierung befindet, vielleicht auch nicht. Du bist Teil dieses Prozesses auf der Erde. Menschen, die ziemlich starr waren, werden auf einmal offener und flexibler. Nationale Ideologien, die in Separatismus erstarrt waren, werden offen für eine Versöhnung mit anderen Ländern. Bei jeder Entkristallisierung, ganz gleich, ob sie in einem einzelnen Menschen, in einer Organisation, einer Nation oder einem Planeten stattfindet, kommen natürlich alte Muster an die Oberfläche, um überprüft und aufgelöst zu werden. Daher erlebt euer Planet, während er sich der Versöhnung der Großmächte nähert, in einigen Gegenden noch immer extremen Nationalismus. Das ist die größere Version des Prozesses, in dem auch du dich befindest.

Du kannst beobachten, was in dir selbst geschieht, und dadurch verstehen, was die Erde durchmacht. Du kannst aber auch die Geschehnisse auf deinem Planeten beobachten und Parallelen zu deinem eigenen Wachstumsprozeß ziehen. Und wieder ermutigen wir dich, dich nicht auf die Details zu fixieren, sondern das größere Bild im Auge zu behalten. Wir empfehlen dir, deinen Prozeß und auch den des Planeten in einem größeren Zusammenhang zu sehen. Wir schlagen dir vor, dich selbst als ein Wesen zu achten, daß sich im Wandel befindet, zu erkennen, daß dein Bewußtsein sich verändert, und zu wissen, daß bei jedem Wandel vorherzusehen ist, daß alte Muster an die Oberfläche kommen und befreit werden wollen. Verurteile dich nicht dafür, daß du alte Muster erlebst. Es ist Teil deines Prozesses.

Man muß sich zuerst bewußt sein, daß ein Muster da ist, bevor man es loslassen kann. Um seine Energie zu zerstreuen, genügt es oft schon, wenn du das Muster beobachtest. Vielleicht kennst du das Spiel „Wolken auflösen". Es ist ganz einfach. Du suchst dir am Himmel eine Wolke aus, die nicht zu groß und nicht zu dicht ist, und konzentrierst dich mit ganzer Aufmerksamkeit auf sie. Wenn du kannst, verbindest du dein Bewußtsein mit dem Bewußtsein der Wolke und bittest sie, sich aufzulösen. Du bittest sie, ihre Form aufzugeben und zu verdunsten. Du konzentrierst dich auf die Wolke und bittest sie immer wieder, sich aufzulösen. Du hältst nur deine ganze Aufmerksamkeit darauf gerichtet und bittest die Wolke zu verschwinden. Die gleiche Technik kannst du auf deine Muster anwenden. Die Wolke ist Energie, und auch deine Muster sind erstarrte Energie. Sie verursachen Störungen in deinem Energiesystem, weil die Energie sich zu einem Muster zusammengeballt hat. Du erlebst das als ein Zusammenziehen in deinem Energiefeld. Wenn du einfach eines Musters bewußt wirst, deine Aufmerksamkeit darauf konzentrierst und es bittest, sich aufzulösen, genügt das. Du brauchst seine psychologischen Gründe oder metaphysischen Implikationen nicht zu verstehen. Du richtest einfach deine ganze Aufmerksamkeit auf diese Energiezusammenballung, die du Muster nennst, und sie wird verschwinden. Du bist der Schöpfer und der Meister deines eigenen Universums.

* * * *

Dein Planet hat Interesse daran, daß es dir gutgeht. Er ist an deinem Wachstum interessiert, ganz ähnlich wie der Direktor einer Schule Interesse am Wachstum und an der Entwicklung seiner Schüler hat. Der Direktor ist verantwortlich, den Schülern die Gelegenheiten zum Lernen zu verschaffen. Die Erde wählt natürlich deine Lehrer nicht direkt aus, das machst du selber, aber sie sorgt für das Klassenzimmer, und sie ist der Tummelplatz für deine Entwicklung. Es hilft dir zu wissen, daß du auf die Erde gekommen bist, um gleichermaßen zu geben und zu empfangen. Du bist hier, um zu wachsen und Erfahrungen zu sammeln und um die ganz spezielle Energie beizusteuern oder auszudrücken, die nur du geben kannst. Wenn diese beiden Aspekte erfüllt sind, d.h. wenn du voll gegeben und voll empfangen hast, ist deine Zeit auf der Erde vollendet. Die Erde hat Interesse an deiner Vollendung. Sie möchte die Übereinkunft erfüllen, die ihr gemeinsam getroffen habt. Sie stellt dir die Räumlichkeiten zur Verfügung, in denen du lernen und dich ausdrücken kannst. Wenn du die Schule absolviert hast, ist auch ihre Arbeit mit dir zu Ende.

Viele von euch gestatten sich noch nicht zu nehmen. Vielleicht verweigerst du dir das Geschenk der Liebe. Vielleicht verzichtest du auf das Geschenk materieller Annehmlichkeiten oder auf Reichtum. Vielleicht verweigerst du dir äußerlich oder innerlich das Geschenk eines spirituellen Lehrers oder Führers. Du kannst dir auch Gesundheit und Vitalität versagen oder Freunde. All dies ist jedoch für dich da. Ihr seid Wesen mit einem Verstand, mit Emotionen, mit Sexualität und Sinnlichkeit, mit Körper und Geist. Ihr lebt in einer physischen Welt, zumindest der Teil, mit dem ihr euch identifiziert, und habt euch deshalb schon dafür entschieden, physisch zu sein. Deshalb ist es irgendwie lächerlich, wenn ihr gegen euer körperliches Sein kämpft. Es ist absurd, weil ihr euch nicht um euren Körper kümmert, denn ihr habt die physische Form ja gewählt. Es ist ebenso lächerlich, eure Sexualität oder Sinnlichkeit zu leugnen, denn sie gehört einfach zu der Erfahrung des körperlichen Seins. Ebenso wirst du deiner Entscheidung, ein Mensch zu sein, nicht gerecht, wenn du dir nicht gestattest, emotional oder intellektuell Erfahrungen zu sammeln.

Oft lebt ein Mensch nur in seinem Mentalkörper, losgelöst und emotionslos. Es gibt geistige Schulen auf eurem Planeten, die diese Art zu leben betonen. Viele Menschen haben vor ihren Gefühlen Angst und haben noch nicht gelernt, sie angemessen zu integrieren. Deshalb versuchen sie, alles zu intellektualisieren, was sie erleben, anstatt es auf emotionaler Ebene zu fühlen. Damit vergeuden sie jedoch die Gelegenheit, Gefühle und Emotionen zu erleben, und das ist zu einseitig und hilft euch nicht. Viele Kulturen neigen dazu, den Intellekt überzubewerten und die Gefühle geringschätzen.

Man darf nicht vergessen, daß Wesen, die wählten, sich in einer bestimmten Kultur zu inkarnieren, vielleicht gerade die Eigenarten dieser Kultur brauchten, um ihre eigenen Erfahrungen ins Gleichgewicht zu bringen. Wir sagen deshalb nicht, daß irgendeine Kultur falsch ist. Kulturen sind unterschiedlich, und die einzelnen Menschen nutzen die Eigenschaften bestimmter Kulturen für ihr eigenes Wachstum und um sich zu vervollkommnen, so wie sie viele andere Aspekte des menschlichen Lebens für die Entwicklung ihres Wesens benutzen. Ein Mensch, der ausschließlich im Intellekt gelebt hat, kann sich zum Beispiel sehr gefühlvolle Eltern wählen, um seine Erfahrung vom menschlichen Sein ins Gleichgewicht zu bringen. Umgekehrt kann sich ein Wesen, das ausschließlich in seinen Gefühlen gelebt hat, für eine Familie entscheiden, die alles auf die Verstandesebene bringt. In beiden Fällen ist die Familiensituation für den Betreffenden schwierig. Vergeßt jedoch nicht, daß die Entscheidung aus dem höheren Bewußtsein heraus getroffen wird. Diejenigen von euch, die sich in ihrer Familie isoliert oder mißverstanden gefühlt haben, können vielleicht allmählich verstehen, daß es Gründe für diese Erfahrungen gibt. Im Verlauf unseres Gesprächs wirst du noch weitere Gründe erkennen. Versuche jedoch zu sehen, was dein höheres Selbst dir schenken wollte, als es die Eltern, die Familie und die Kultur auswählte, in die du dich inkarniert hast.

Viele von euch sind aus dem Gleichgewicht geraten, weil sie ausschließlich in ihren Gefühlen lebten. Deshalb hast du vielleicht eine Familie gewählt, die keine Gefühle ausdrückt. Obwohl es für dich schwierig ist, mit einer solchen Familie oder gar mit einer solchen Kultur umzugehen, hilft es dir, weil es dir zeigt, daß Gefühle nicht der einzige Aspekt menschlichen Seins sind. Dir sind auch Geist und Verstand gegeben worden, um deine Erfahrungen auszuwerten; du brauchst nicht Sklave deiner Emotionen zu sein. Du kannst deine Gefühle wahrnehmen und sie gleichzeitig einordnen und bist so weder an dein fühlendes Ich gebunden noch durch dein Verstandes-Ich begrenzt. Alle Aspekte deines Selbst können im Gleichgewicht sein. Wenn du das Ich, das du zu sein glaubst, ins Gleichgewicht gebracht hast, kannst du dazu übergehen, die erweiterte Version deines wirklichen Selbst in Harmonie zu bringen. Wenn du es also vermeidest, das Ich, mit dem du dich jetzt identifizierst, auszubalancieren, begrenzt du dich in der Erfahrung deines wahren Selbst. Nimm alles von dir an, und beginne damit, daß du das Selbst annimmst, das du zu sein meinst.

* * * *

Die Erde geht auf ein Stadium ihrer Entwicklung zu, wo auch sie sich von Mustern der Vergangenheit befreit. Ganz ähnlich wie du bringt auch sie vergangene Erfahrungen mit, die sie jetzt losläßt. Du brauchst dir um ihren Prozeß keine Sorgen zu machen. Wir erzählen dies nur, damit eure Anteilnahme sie erreicht. Es fällt der Erde schwer zu vertrauen, daß sie nicht wieder zerstört werden wird. Es gibt so etwas wie Groll und Wut in ihr aus den Erfahrungen, die sie mit kleineren Lebensformen in ihren anderen „Leben“ durchgemacht hat.

Habe auch Mitgefühl mit dir selbst. Sei dir bewußt, daß in deinem Alltag Muster aus deinen eigenen vergangenen Leben ausgelöst werden und daß sie die Wahrnehmung deiner Realität färben. Werde dir klar darüber, daß du nicht diese Erfahrungen bist und daß du deine Reaktionen nicht so ernst zu nehmen brauchst. Du kannst über die alten Programme hinauswachsen. Natürlich ist es möglich zu überprüfen, was aus vergangenen Leben stammt, und es nach und nach hinauszuwerfen. Das ist oft hilfreich. Du kannst diese Programme jedoch auch transzendieren und einfach erkennen, daß du nicht deine Programmierung bist. Wer du bist, geht weit über die Entscheidungen, die Muster, die Glaubenssätze und Meinungen deines mechanischen Selbst hinaus. Wir betonen noch einmal, daß es nichts Schlechtes ist, es ist alles Teil des Gepäcks, das „Menschsein“ genannt wird. Du brauchst es bloß nicht so ernst zu nehmen. Du brauchst deine eigenen Glaubenssätze nicht zu glauben. Du brauchst keine Entscheidungen zu fällen, die auf früheren Entscheidungen beruhen. Du kannst jeden Augenblick neu leben. Jeder Augenblick ist neu. Du brauchst dich mit deinem Bewußtsein nur in einen Zustand zu versetzen, wo du jeden Augenblick ohne Vergangenheit sehen kannst. Es ist Zeit, dich von deiner Geschichte zu befreien. Auch für die Erde ist es Zeit, ihre Geschichte loszulassen. Es ist Zeit, die Wahrheit zu leben. Du bist göttlich. Du bist der Schöpfer aller Realitäten, die du wahrnimmst. Wenn du dich aus der Identifikation mit einer Realität löst, kannst du immer mehr von deiner wahren Identität sehen, bis du erkennst, daß du Alles bist, Was Ist.

* * * *

Jeder von euch ist auf einer Reise gewesen, die schon lange, bevor es die Erde gab, begonnen hat. Jeder von euch ist durch Zeit und Raum und über das Kontinuum von Zeit-Raum hinausgereist. Jeder von euch ist jetzt bereit, nach Hause zurückzukehren. Auch die Erde nähert sich der Zeit der Vollendung ihrer Formzyklen. Es wird jedoch noch viel geschehen, bevor sich die Erde aus ihrer gegenwärtigen Form verabschiedet. Ihr alle tretet in ein Zeitalter der Erleuchtung auf eurem Planeten ein, in eine Zeit des Lichts. Bald wird es auf der Erde keinen Krieg mehr geben. Dann wird Energie dafür da sein, Krankheiten zu heilen und den Hunger zu beenden. Dann wird es Reichtum für alle geben. Wenn diese grundlegenden Bedürfnisse erfüllt sind, wird die gesamte Bevölkerung des Planeten sich nach innen, zu Gott und ihrem eigenen höheren Selbst hinwenden. Bald wird die Menschheit sich daran erinnern, wer sie ist. Für diejenigen von euch, die sich auf die eine oder andere Art und Weise schon erinnert haben, ist es Zeit, eure Brüder und Schwestern, die es offenbar vergessen haben, zu wecken. Es ist Zeit, daß ihr euch erinnert. Es ist die Zeit, auf die alle gewartet haben. Habt keine Angst, das Licht wird die Dunkelheit bezwingen, und das Licht seid ihr.

* * * *

Der Erde ist eine Zeit des Segens vorhergesagt worden, und diese Zeit ist jetzt angebrochen. Zum zweitenmal gelangt die Energie, die mit Christus verbunden ist, auf euren Planeten. Es ist die Zeit, in der alle Versprechungen Erfüllung finden. Du hast ein Versprechen zu halten und die Erde auch. Du brauchst nicht länger damit zu warten, zum Bewußtseinswandel auf der Erde beizutragen. Du brauchst nicht zu warten, bis die Zeit der zweiten Ankunft da ist. Du kannst jetzt anfangen, das Göttliche, dich selbst und die anderen immer mehr zu lieben. Du kannst jetzt das Christusbewußtsein in jede deiner Handlungen einbringen und kannst jetzt bewußt beginnen, deinen Vertrag zu erfüllen.

* * * *

Ihr habt euch alle gefragt, was wohl mit diesem neuen Zeitalter gemeint sein könnte. Ihr habt alle die Vorhersagen für das Ende des 20. Jahrhunderts gehört. Ihr habt die Begriffe „Bewußtseinswandel" und „planetarisches Erwachen" benutzt. Ihr braucht nicht länger über diese Begriffe nachzudenken. Schaut die letzten drei Jahre eures Lebens an und beobachtet allein die Veränderungen in eurer Art zu denken. Vorstellungen, die euch früher ganz fremd waren, sind jetzt Teil eures Grundwissens. Auch auf eurem Planeten hat sich vieles verändert. Ihr bemerkt, daß euer Bewußtsein sich jetzt schneller verändert als früher. Auch die Erde hat ihre Veränderung beschleunigt. Dies ist wirklich eine Zeit der Freude.

Die Veränderungen sind manchmal verwirrend für dich und auch für die Erde. Ihr Wetter, die Ökologie und auch ihre Temperatur als physisches Wesen verändert sich. Auch ihre Umgebung bleibt nicht gleich. Wesen, die jenseits des physischen Bereiches der Erde leben, schicken ihr Energien zu. Diese Wesen sind Planeten, so wie sie. Es gibt auch Wesenheiten, die ihr die Weltraum-Bruderschaft nennt, die bestimmte Energieraster im Universum und in der Struktur, die die verschiedenen Dimensionen miteinander verbindet, lenken. Diese Energie wird auf die Erde gerichtet, um ihr bei ihrem Erwachen zu helfen. Ihr braucht euch davor nicht zu fürchten, aber es ist hilfreich, euch dieser Kräfte, die eure Realität beeinflussen, bewußt zu sein. Alles verläuft plangemäß. Dies ist die Zeit, die vorhergesagt war, die Zeit des Erwachens, und du bist Teil davon. Sei dankbar für dieses Privileg, als Wesen in physischer Form an diesem großen Wandel des Bewußtseins mitwirken zu dürfen.

Du hast vorgegeben, nicht zu wissen, wer du bist. Es war noch nicht an der Zeit, deine volle Energie einzubringen. Es gab kulturelle Tabus, religiöse Tabus, soziale Tabus, die es für dich gefährlich machten, dich zu deinem göttlichen Ursprung zu bekennen. Diese Tabus haben ihre Macht verloren. Es sind noch Überreste davon da, und du mußt verantwortlich mit der Bewußtseinsebene umgehen, mit der du zu tun hast, wenn du deine Wahrheit weitergibst. Im allgemeinen ist es jedoch sicher für dich aufzuwachen, und es ist jetzt Zeit, deine volle Energie auf die Erde zu bringen.

Du mußt dir dessen bewußt sein, daß du eine Art Maschine bist. Während deiner vielen Inkarnationen auf der Erde bist du programmiert worden. Dein Körper wurde durch eine Gedächtnisbank erschaffen, die du auf einer bestimmten Ebene deines Bewußtseins von Inkarnation zu Inkarnation mit dir herumträgst. Diese Gedächtnisbank programmiert die Zellstruktur jedes physischen Körpers, den du annimmst, mit der Erinnerung an Traumata, an Emotionen oder Seligkeit, die du in deinen anderen physischen Formen erlebt hast. Der menschliche Körper lebt nicht lange genug, als daß ein menschliches Wesen während einer Lebenszeit volles Bewußtsein erlangen könnte. Deshalb ist die Erinnerung an vergangene Inkarnationen in deine Gedächtnisbänke eincodiert und wird jedem Körper, den du in jeder Inkarnation neu erschaffst, eingespeist. Das hat Vor- und Nachteile. Wenn es weise genutzt wird, kann dein Zellgedächtnis deiner Entwicklung helfen. Viele sogenannte New-Age-Techniken arbeiten mit diesen Erinnerungen. Moderne Körperarbeit, Rolfing, Atemtherapie, Shiatsu, Akupunktur, die verschiedensten alten und wieder neu entdeckten Techniken helfen mit, das Zellgedächtnis in deinem physischen Körper aufzulösen. Es ist gut, dir diese Techniken nutzbar zu machen, wenn sie auf dich zukommen.

* * * *

Die Erde ist immer schon größer gewesen als der Mensch. Sie hat letztlich immer gesiegt. Sie hat das Schicksal nicht nur der einzelnen Menschen und Gesellschaften, sondern ganzer Zivilisationen und Kulturen bestimmt. Jetzt senkt sich die Waagschale nach der anderen Seite. Jetzt ist es der Mensch, der das Schicksal des Planeten bestimmt. Die Fähigkeit des Menschen, die Natur zu zerstören, ist jetzt größer als die der Natur, den

Menschen zu vernichten. Die Umweltverschmutzung, die Verseuchung der Atmosphäre und der Ozeane, die Drohung der Atombombe hat die Waagschale im langen Kampf des Menschen mit seiner Umgebung auf der Seite des Menschen gesenkt. Er hat Jahrhunderte lang darum gekämpft, die Natur zu unterwerfen. Er hat die Ozeane bezähmt, er hat die Himmel kartographiert. Er hat den Globus der Länge und Breite nach erforscht. Er hat das Land beackert, um seine Nahrung zu produzieren. Er hat die Tiere der Erde zu seinem Nutzen und Verbrauch domestiziert. Er hat in den arktischen Einöden Sibiriens Gewächshäuser angelegt und Wüsten in Orangenhaine verwandelt. Die Natur ist jetzt erobert. Der Sieger in diesem Kampf muß jetzt für den Planeten Verantwortung übernehmen, der zu seinem Gefangenen geworden ist.

Der Mensch kann nicht mehr an der offensichtlichen Wahrheit vorbeigehen, daß er für seine Realität selbst verantwortlich ist. Es wird Fluten geben, Erdbeben, Stürme und andere Protestäußerungen des Planeten in seinem Versuch, die alte Haut abzustreifen und in ein neues Stadium seiner Entwicklung einzutreten. Dies ist jedoch harmlos im Vergleich zu der Wirkung, die der Mensch auf die Natur hat.

Die Erde kann sich ohne gewisse Veränderungen ihrer Geographie nicht weiterentwickeln. Sie ist jedoch lediglich mit ihrer eigenen Evolution beschäftigt. Sie ist nicht bösartig, sondern kann einfach nicht anders. Im Falle des Menschen ist das anders. Der Mensch weist Veränderungen zurück, die das Leiden des Planeten und damit schließlich seiner eigenen Rasse lindern würden. Diese Arroganz kann nicht mehr weitergehen. Der Mensch muß mit dem Wesen, das alles menschliche Leben erhält, harmonisch zusammenwirken.

Du bist ein Teil der Menschheit. Du hast eine Stimme in dem Geschehen auf deinem Planeten. Du kannst den Ausschlag geben, kannst das Zünglein an der Waage sein. Dein Bewußtsein ist mit allem Bewußtsein verbunden, und wenn du Methoden benutzt, die den Planeten nähren, anstatt ihn zu mißbrauchen, hat das einen Einfluß auf das Bewußtsein aller Menschen. Jede wiederverwertete Flasche, jede Pflanze, die du rettest, jedes Stück Abfall, das du aufhebst, hat eine Wirkung auf die ganze Menschheit. Das scheint dir vielleicht unmöglich, aber es ist wahr. Du kannst deinen Planeten retten.

* * * *

Die Erde wartet schon lange auf dein Erwachen, und du kannst schneller in deine eigene nächste Evolutionsphase übergehen, wenn du dir deiner Partnerschaft mit ihr bewußt wirst. Du kannst dich entscheiden, dein Bewußtsein mit dem deines Planeten in Einklang zu bringen. Das ist sehr hilfreich. Seit Anbeginn deiner Existenz in menschlicher Form ist dein Bewußtsein immer mit dem des Planeten verbunden gewesen.

Man könnte sagen, daß ihr Teil der Aura eures Planeten seid. Du bewegst dich, lebst und atmest in der Energie der Aura des Wesens, das du als deinen Planeten betrachtest. Deine eigene Aura ist untrennbar mit der seinen verschmolzen. Wenn du dir dieser rein physischen Tatsache bewußt bist, kannst du einschätzen, wie sehr das, was du als deinen ganz unabhängigen energetischen Prozeß betrachtest, mit dem Ausdruck von Energie, der dein Planet ist, zusammenhängt. Du nennst dieses aurische Feld, das du bewohnst, dein Zuhause. Deine Energie und die der Erde sind auf eine sehr wirkliche physische Weise eins.

Wenn du dich ganz bewußt mit dieser Wahrheit beschäftigst und dich mit deinem Planeten in Einklang bringst, kannst du selbst schneller in deiner Evolution vorankommen. Die Energie des Planeten kann dir dabei helfen. Die Erde wandelt sich sehr schnell. Ihre Evolution hat eine Dynamik, die die deine weit übertrifft, obwohl du Äonen sterblicher Zeiten in der Form verbracht hast. Die Erde ist noch viel länger in der Form und hat deshalb mehr Antrieb als du, sich zu verändern und zu wandeln. Wenn du dich ihrer verwandelnden Kraft öffnest, kannst auch du schneller wachsen.

Wir sprechen hier nicht von einem Rückfall in die fetischistische Anbetung einer planetarischen Gottheit. Das ist nicht unsere Absicht. Man muß jedoch anmerken, daß die primitiven Gesellschaften, die solch eine weibliche Gottheit verehrten, mehr in Einklang mit dem Wesen des Planeten waren als die jüngeren, komplexeren Zivilisationen. Sie spürten die wechselseitige Abhängigkeit mit dem Wesen Erde, und ihre Verehrung war eine Anerkennung dieser Abhängigkeit. Das liegt jedoch in der Vergangenheit, bevor der Mensch sich darauf vorbereitete, einen neuen Ausdruck der Lebensenergie zu entwickeln. In der primitiven Anerkennung der Beziehung zwischen dem Menschen und dem Planeten lag Wahrheit. Diese Wahrheit gehört jedoch in ihrer Bedeutung einer anderen Zeit an, der Ebene des Bewußtseins, die dem primitiven Menschen zugänglich war.

In dem Maße, wie der Mensch sich weiterentwickelte, wie die Gesellschaft komplex wurde und Zivilisation entstand, wurde diese Wahrheit verschüttet. Heute können wir dieses Element der Wahrheit in der primitiven Anerkennung der gegenseitigen Abhängigkeit von Mensch und Erde auf eine differenziertere Ebene des Verstehens heben. Ihr könnt den Sprung tun. Ihr seid mit dem aurischen Feld, dem Energiekörper eures Planeten verwoben, euer sogenanntes individuelles Bewußtsein ist jetzt jedoch so weit entwickelt, daß ihr mit diesem Energiefeld besser interagieren könnt, um damit eure eigene Entwicklung voranzutreiben. Ihr und alles Bewußtsein bereitet sich auf einen Sprung vor, weg von der getrennten Identität zur Erkenntnis der Einheit allen Bewußtseins. Dies beinhaltet auch die Einheit aller Formen, die ja Ausdruck ein und derselben Energie sind. Ihr verliert allmählich eure individuelle Identität. Wenn du bewußt mit der Energie der Erde verschmilzt, kannst du stärker erleben, wie deine individuelle, getrennte Identität in einem größeren Ganzen aufgeht — im Meer des Bewußtseins, aus dem *alle* Form entsteht.

* * * *

Du weißt seit langem, daß du ein Kind der Erde bist. Jetzt erinnerst du dich langsam daran, daß du auch ein Wesen ohne Form bist. Du bekommst eine Ahnung von dem Geistwesen, das du bist. Dieser Geist, dieses Wesen bist du genauso wie deine menschliche Persönlichkeit, das, was du als Mensch bist. Du wirst dir allmählich bewußt, daß du die Vereinigung von Geist und Materie verkörperst. Diese Vereinigung ist dein Wesen, du bist beides. Man kann sich in der Form nicht verwirklichen, ohne sich dessen bewußt zu sein, und du beginnst, deine wahre Essenz zu verwirklichen. Das kann schwierig sein, denn es wirft die Strukturen um, die du selbst erschaffen und mit denen du dich identifiziert hast. Diese Strukturen müssen fallen, und das ist für dein Ego sehr schwer. Beunruhige dich nicht, wenn du merkst, daß diese Strukturen allmählich zusammenbrechen. Wir verstehen, daß dieser Prozeß dich aus dem Gleichgewicht bringen kann. Dein Ego beherrscht die Erfahrung deiner Identität seit Äonen. Es wird aus seiner Stellung verdrängt, und es wird kämpfen und in Panik geraten und versuchen, seine Stellung aufrechtzuerhalten. Wir wissen, daß dies ein schmerzlicher Prozeß sein kann. Wir möchten dir jedoch Mut machen und dich daran erinnern, daß auch dieser Prozeß nicht ewig dauert.

Das Ego kann seine Stellung nicht halten, wenn du dich einmal dem Erkennen deines wahren Wesens verpflichtet hast. Seine Tage sind gezählt. In der Zeit, in der du dich von dem ego-bezogenen Selbstbild löst und langsam dein Wesen als Geist, der sich in Form manifestiert, erfährst, bist du oft voller Selbstzweifel. Du bist oft verwirrt, das gehört zu dem Prozeß. Laß dich nicht entmutigen. Du wachst auf. Wir freuen uns über deinen Mut. Wir verstehen, daß es viel Glaubenskraft von dir erfordert, weiterzumachen und dich immer wieder mit den irreführenden Glaubenssätzen und ego-zentrierten Strukturen auseinanderzusetzen, mit denen du so lange konfrontiert warst.

Laß dich nicht entmutigen! Die Sonne wird aufgehen, und die Wolken werden verschwinden. Die Zeit der Verwirrung und des Zweifels wird nicht lange dauern. Setze deine Reise fort. Die Belohnung für deinen Mut wird den zeitweisen Schmerz und Zweifel wert sein. Zögere nicht, du bist dabei, nach Hause zu kommen.

* * * *

Du hast schon entdeckt, daß dein Bewußtsein über die Grenzen dieses Lebens hinausreicht. Du bist schon über die Realität, in der du deine tägliche physische Existenz lebst, hinausgegangen. Du weißt, daß du ohne Worte und ohne, daß der andere körperlich anwesend ist, mit einem anderen Menschen kommunizieren kannst. Du weißt, daß du mehr bist, als du zu sein scheinst. Du bist mit anderen Aspekten deiner selbst in anderen Wirklichkeiten in Verbindung getreten. Du weißt, daß du nicht auf deinen physischen Körper begrenzt bist. Dies gilt auch für deinen Planeten, und deshalb kannst du telepathisch mit ihm kommunizieren. Deshalb kann auch die Erde sich mit anderen Lebensformen in Verbindung setzen, die als Planeten bekannt sind, viele Galaxien entfernt von der Galaxie, die euer Sonnensystem enthält. Im Universum gibt es eine Bewegung, mit der euer Planet verbunden ist, so wie du mit dem Bewußtsein aller Menschen verbunden bist. Alle physische Realität befindet sich im Wandel, und du bist Teil davon. Das Spiel verändert sich. Die festen Formen schmelzen, und die Trennung verschwindet allmählich.

* * * *

Ihr geht einer Epoche weltweiten Friedens entgegen, und die Harmonie unter den Nationen muß in der Harmonie mit der Natur ihr Gegengewicht haben. Du kannst das durch dein tägliches Leben unterstützen. Du kannst dich täglich, wenn du mit den Menschen in deiner Umgebung zu tun hast, für Frieden und Harmonie entscheiden. Denk daran, daß jeder Mensch und jeder deiner Lebensumstände von deinem höheren Selbst für dich als eine Gelegenheit zum Erwachen erschaffen worden ist. Sogar Konflikt und Auseinandersetzungen sind Gelegenheiten, über Muster und Emotionen deiner Vergangenheit hinauszugehen.

Wir möchten dich auf die Themen oder Umstände in deinem Leben aufmerksam machen, die sich erfahrungsgemäß immer wiederholen. Genau diese Dinge, die dich dein Leben lang immer wieder beunruhigt oder geschmerzt haben, kannst du jetzt überwinden. Dein Höheres Selbst hat sie dir geschaffen, damit du die Programmierung auflösen kannst, die dein Wesen in manchen Bereichen menschlicher Erfahrung zusammengezogen hat. Dein inneres Selbst kann sich nicht zusammenziehen. Wenn du dich jedoch als Reaktion auf deine psychologischen oder emotionalen Programme zusammenziehst, dann wirst du dich selbst als begrenzt erfahren. Jedesmal, wenn solch ein Programm aktiviert wird — jedesmal, wenn dieselbe Situation die gleichen unangenehmen Gefühle, Überlegungen oder Körperempfindungen in dir auslöst, hast du Gelegenheit, die mechanische Natur deines menschlichen Seins zu transzendieren.

Jede Persönlichkeit hat solche Bereiche, solche mechanisch ablaufenden Programme. Du hast inzwischen festgestellt, welche Situationen mechanische Reaktionen in dir auslösen. Diese Muster sind von deiner Persönlichkeit einmal aufgebaut worden, weil sie zum Überleben notwendig waren. Sie haben ihren Zweck erfüllt. Du hast überlebt und brauchst diese alten Programme nicht länger. Sie haben ausgedient, du kannst sie loslassen. Schon wenn du dir solch eines Musters bewußt wirst, fängt es an, sich aufzulösen. Der nächste Schritt ist dann zu merken, wann du dich in ein Muster verstrickt hast. Verurteile dich deswegen nicht. Allein schon, wenn du bemerkst, daß du in einem Muster festhängst, schaffst du eine Distanz zwischen dem Teil von dir, der beobachtet, und dem Teil, der in dem Muster gefangen ist.

Nachdem du dich eine Zeitlang dabei beobachtet hast, wie du deine Muster ausagierst, wirst du merken, daß du dich entscheiden kannst, mit diesem Drama aufzuhören. Du wirst es vielleicht noch nicht gleich tun, aber dir wird allmählich klar werden, daß du die Wahl hast.

Irgendwann einmal wirst du dich entscheiden, einfach zu schauen, was passiert, wenn du dieses Muster nicht ausagierst. Das ist der nächste Schritt zur Befreiung. Es ist nichts falsch daran, mechanisch zu sein. Die meisten Menschen reagieren zu 100% mechanisch auf äußere Reize und haben ihre persönliche Freiheit vollkommen verloren. Sie wissen nicht mehr, wie es sich anfühlt, mit dem Selbst verbunden zu sein, das vollkommen frei und grenzenlos ist. Du beginnst, dich wieder mit deiner wahren Identität zu verbinden. Dich von deinen eigenen mechanischen, programmierten Reaktionen zu befreien, ist ein mutiger Schritt zur Selbstverwirklichung. Wir möchten dich ermutigen, dich bewußt diesem Bereich zuzuwenden und deine Fähigkeit, dich aus den Mustern zu entlassen, wirklich zu benutzen.

* * * *

Du weißt schon seit langem, daß du mit Bereichen des Bewußtseins verbunden bist, die jenseits dessen liegen, was dir als Realität erscheint. Wir möchten dich ermutigen, diese Verbindung zu erforschen. Du existierst auf allen Ebenen, manifestiert oder unmanifestiert. Dein menschlicher Aspekt ist nur die Spitze des Eisberges. Es ist völlig sicher für dich, deine Verbindung zu den Realitäten jenseits deiner physischen Erscheinungswelt zu erforschen.

Wenn du in deiner physischen Realität gefangen bist, solltest du etwas tun, um dein Bewußtsein aus dem Griff der physischen Realität zu lösen. Wenn du Schmerzen hast, körperliche, emotionale oder sogar spirituelle, dann halten diese Schmerzen deine Aufmerksamkeit gefangen und machen es dir schwer, deine physische Realität zu transzendieren. Deshalb gibt es so viele neue Techniken, um deinen Schmerz zu heilen und dir so zu helfen, über die physische Realität hinauszugehen. Du hast dich immer an physischen Formen orientiert. Emotionale Erfahrungen sind die Meilensteine in deinem inneren Leben gewesen, so wie die physischen Dinge Meilensteine deiner äußeren Erfahrung waren. Es ist Zeit, wenn du dazu bereit bist, diese vertrauten Pfeiler deines Lebens zurückzulassen. Es gibt viel zu entdecken. Du mußt dich an vieles erinnern — denn alles, was es geistig oder gefühlsmäßig zu wissen gibt, wußtest du schon einmal. Es gibt für dich nichts Neues zu entdecken, das nicht irgendein Aspekt deines Bewußtseins schon weiß. Du bist einfach dabei, das, was du schon einmal wußtest, in die physische Wirklichkeit zu bringen, in der du dich verloren hast. Da du auf anderen Ebenen deines Bewußtseins schon alles weißt, gibt es auch das, was ihr plötzliche Einsicht oder Intuition nennt. Die plötzlichen „Geistesblitze“ kommen aus dem Innern deines Wesens. Du kennst sie, wenn sie in dein Bewußtsein durchdringen und dir plötzlich in der physischen Realität zur Verfügung stehen. Du kennst alle Wahrheiten schon.

Dein Planet schmilzt, und die Getrenntheit geht ihrem Ende zu. Auch die Trennung zwischen deinem sogenannten Höheren Selbst und deinem rationalen Geist geht ihrem Ende zu. Dein Bewußtsein erweitert sich über alle zuvor angenommenen Grenzen hinaus. Diese Grenzen sind nicht mehr nötig, sind unpraktisch geworden. Deshalb lösen sich die Trennungen auf, und Aspekte deines höheren Bewußtseins tauchen in dir auf, um im physischen Bereich benutzt zu werden. Wir helfen bei diesem Prozeß mit.

Das Phänomen des „Channelns“ ist ein Vorbote dieser Auflösung der Grenzen zwischen den verschiedenen Aspekten deines Selbst. Das heißt, es ist als Phänomen in Erscheinung getreten, ist jedoch nur ein Zeichen für kommende Ereignisse. Die Bewußtseinsentwicklung in eurer Dimension wird dadurch unterstützt, daß die Trennung zwischen den fortgeschrittenen Bewußtseinsebenen und dem rationalen Verstand sich auflöst.

Menschen, die begonnen haben zu „channeln“, sind einfach Pioniere dieser Bewußtseinsentwicklung. Viele von ihnen haben jedoch keine Bewußtheit darüber, was geschieht. Sie müssen noch immer ihr Tagesbewußtsein von der Ebene des Bewußtseins trennen, das sie „channeln". Sie erklären sich dieses Phänomen so, daß sie „anderen" Wesen erlauben, ihren Körper zur Kommunikation zu benutzen. Es sind jedoch ihre eigenen fortgeschrittenen Bewußtseinsebenen, die da sprechen. Ihr könnt lernen, die Grenzen zwischen den fortgeschrittenen Ebenen eures Bewußtseins und dem rationalen Verstand aufzulösen. Das bedeutet nicht, daß du anderen Bewußtseinswesen erlaubst, deinen Körper zu benutzen. Du kannst dazu stehen, daß du selbst fortgeschrittene Bewußtseinsebenen hast, und sie bewußt in deine physische Wirklichkeit einbringen und dadurch mehr von dir erfahren.

* * * *

Wir sind sicher, daß du dir über deine Verbundenheit mit deiner Umwelt im klaren bist, und sicher bist du jetzt auch bereit, darin das Wesen einzuschließen, das dein Planet ist. Du bist jetzt bereit zu erkennen, daß dein Energiesystem und das seine zusammenhängen. Die Erde beeinflußt dich, und dein Bewußtsein wirkt auf die Bewußtseinsschichten in ihrer Aura ein. Du kannst nicht mehr isoliert bleiben. Du mußt erkennen, daß dein Bewußtsein mit vielen, vielen anderen Bewußtseinsschichten zusammenspielt. Sie beeinflussen dich genau so, wie dein Bewußtsein sie beeinflußt.

Mit deinem Bemühen um eine Veränderung deines Bewußtseins hinterläßt du einen Eindruck in der Schwingung des Gesamtbewußtseins, das den Planeten umgibt. In dem Maße, wie du nach dem Höchsten in dir strebst, bewegst du auch alles Bewußtsein dem Höchsten entgegen. Du bist ein vieldimensionales Wesen und wirkst mit vielen, vielen anderen Ebenen der Manifestation und des Bewußtseins zusammen. Viele deiner Aspekte sind dir noch nicht voll bewußt. Wenn du dich von deinen niedrigeren Wahrnehmungsebenen löst und liebevoller, bewußter und wahrer wirst, hast du damit einen segensreichen Einfluß auf viele, viele andere und auch auf die Ebenen deines eigenen Wesens, die dein Wachbewußtsein zur Zeit noch nicht wahrnimmt. Wir achten dich in deinem Erwachen und freuen uns über deine Kraft und deinen Mut, denn es braucht Kraft und Mut, um in die höheren Schwingungen deines Wesens überzuwechseln und die Ebenen zurückzulassen, die dich so begrenzt haben. Du bist viel mehr, als du sehen kannst, und hast einen viel größeren Einfluß, als dir bewußt ist. Wir möchten dich auf deiner Reise zum Erwachen ermutigen und unterstützen.

* * * *

Du weißt schon, daß in dem Bewußtsein um dich herum ein Wandel stattfindet. An die Stelle eurer Symbole aus der Vergangenheit treten neue Symbole. Die Darstellung des kollektiven Unbewußten, das in euren Medien zum Ausdruck kommt, verändert sich. Die breite Masse der Menschen ist offener als vor fünfzehn oder zwanzig Jahren. Viele Menschen haben an dieser Veränderung mitgewirkt. Die Pioniere unter euch, die sich an der Spitze des Bewußtseins in unbekannte Bereiche vorgetastet haben, haben das kollektive Bewußtsein stark beeinflußt, und auch Wesen von anderen Ebenen und Dimensionen der Manifestation haben diesem Prozeß eine unglaubliche Menge Energie zufließen lassen. Einige dieser Wesen haben Formkörper, andere nicht. Diejenigen, die sich nicht oft verkörpern, haben eher eine kollektive als eine individuelle Identität. Es gibt in diesen Erfahrungsbereichen jedoch noch Identität und Handlung, seien sie nun physisch oder nicht.

Der Prozeß, durch den die Erde seit kurzem geht, hat bei uns viel Beachtung gefunden. Du kannst mit den „interessierten Parteien" zusammenarbeiten, so wie die Autorin dieses Buches mit anderen Bewußtseinsebenen arbeitet, um diese Worte in dein individuelles Bewußtsein zu bringen. „Channeln" ist ein Weg. Du brauchst kein professionelles Medium zu werden, um zu Bewußtseinsebenen Zutritt zu haben, die jenseits deines normalen Bewußtseins liegen. Du kannst dich ziemlich leicht auf diese anderen Aspekte deines Selbst einstimmen. Du mußt dich allerdings konzentrieren und eine Weile experimentieren, und dabei können wir dir helfen.

Es gibt Wesen auf vielen Ebenen, die sich derzeit nicht auf der Erde verkörpern, die aber bereit sind, mit deinem Bewußtsein zu kommunizieren. Einige von ihnen sind direkter an eurem Bewußtseinswandel beteiligt als andere. Wenn du mit dem Channeln experimentierst, ist es gut, dich an die Wesen zu wenden, die auch an diesem Projekt beteiligt sind. Deshalb sind Personen, die erst kürzlich ihren Körper verlassen haben, für diesen Zweck nicht von Interesse. Sie sind gewöhnlich noch sehr tief in die Persönlichkeit ihrer letzten Inkarnation verstrickt und operieren deshalb auf einer Bewußtseinsebene, die der deinen sehr ähnlich ist. Du kannst dich genauso gut an deinen Nachbarn wenden, wenn du etwas besprechen willst, und brauchst diese Wesen nicht aufzuspüren, die noch dabei sind, die Erfahrungen ihrer letzten Inkarnation zu integrieren.

Deshalb wende dich an Reiche von Wesen, die mit der individuellen Verkörperung auf der Erde nicht mehr so eng verbunden sind. Es gibt Wesenheiten in physischer oder halb physischer Form, die nicht auf deinem Planeten wohnen und die mit diesem Wandlungsprozeß sehr tief verbunden sind. Der Einfachheit halber kannst du sie den „Weltraumbund" oder die „Weltraumbruderschaft" nennen. Diese Bezeichnung umfaßt viele verschiedene Ausdrucksmöglichkeiten und Formen. Sie richten ihre Energie seit einiger Zeit auf euren Planeten, denn der Ausgang des Prozesses, mit dem die Erde beschäftigt ist, hat direkte physische und auch indirekte Konsequenzen für ihr Wohlergehen und für die Gesundheit und Sicherheit ihrer eigenen Planeten und Sternensysteme. Eine indirekte Konsequenz ist die Wirkung auf das Bewußtsein, das sie mit euch gemeinsam haben und das daher alle Wesen in ihren Bereichen beeinflußt. Wir werden darüber später noch sprechen. Hier reicht es, zu sagen, daß es sie gibt, und dich auf diese außerplanetarischen Wesen aufmerksam zu machen, die an der irdischen Bewußtseinsentwicklung mitarbeiten. Sie sind eure Helfer, und es ist gut, mit ihnen zu kooperieren. Es kann vielleicht unerläßlich werden.

* * * *

Die Wesenheiten, die euch bei eurem Bewußtseinswandel auf der Erde helfen können, existieren in vielen verschiedenen Wirklichkeiten, physischen und nichtphysischen. Sie wirken seit geraumer Zeit am Erwachensprozeß des Planeten und seiner Menschen mit. Sie können euch vieles sagen, was euch bei eurer Entwicklung helfen wird. Oft ist es gut, etwas zu hören, was von einem neuen Standpunkt kommt, und das gilt sowohl für persönliche als auch für gesellschaftliche Fragen. Gespräche mit diesen Wesenheiten können dir in Fragen, über die du schon in deinem gewohnten Bewußtseinszustand nachgedacht hast, neue Einsichten vermitteln.

Wir möchten dich jedoch daran erinnern, daß du selbst für deine Wirklichkeit verantwortlich bist. Es gibt niemand anderen, der mehr Recht hat, dich und deine Handlungen zu leiten. Du bist letztlich der einzige, der dein Erwachen leiten kann. Deshalb solltest du alle Informationen, die du aus äußeren Quellen empfangen hast, zunächst durch dein eigenes Bewußtsein filtern, bevor du danach handelst. Man erliegt sehr leicht der Versuchung, die Macht über den eigenen Prozeß einem anderen zu übertragen und so die Erfahrung persönlicher Verantwortung zu umgehen. Wenn du mit einer Bewußtseinsebene kommunizierst, die jenseits deines Tagesbewußtseins liegt, sei es durch dich selbst oder durch einen anderen „Kanal“, dann vergiß nie, immer dir selbst zu vertrauen und mit deinem eigenen Gespür zu fühlen und abzuwägen, ob das Gesagte angemessen und stimmig ist.

Du kannst dich ziemlich leicht mit Aspekten deines Bewußtseins in Verbindung setzen, die über dein gewöhnliches Tagesbewußtsein hinausgehen, wenn du das willst.

Manchmal gibt es hindernde Umstände, die den klaren und genauen Fluß der Informationen blockieren. Wenn es schwierig für dich ist, mußt du vielleicht zuerst andere Bereiche in dir klären, bevor dein Höheres Selbst dir gestattet weiterzugehen. Das ist nichts Schlechtes. Es bedeutet nur, daß du deinen persönlichen Problemen Aufmerksamkeit schenken mußt, bevor du dich nach anderen Ebenen ausstrecken kannst. Wenn du damit Schwierigkeiten hast, kannst du zum Beispiel die Hilfe eines Atemtherapeuten in Anspruch nehmen. Vielleicht möchtest du auch erst sichergehen, daß du nicht unbewußt fremde Energien mit dir herumträgst. Vielleicht möchtest du Probleme aus deiner Kindheit oder auch nicht so lange zurückliegende Schocks verarbeiten, die deine Energie blockieren, so daß du wieder frei wirst für andere Bereiche des Forschens und Entdeckens. Therapeuten, die dazu ausgebildet sind, dir bei solchen Prozessen zu helfen, stehen jetzt den meisten von euch ohne weiteres zur Verfügung.

Noch eine andere sehr menschliche Beschränkung behindert manchmal eine leichte Kontaktaufnahme mit den eigenen höheren Bewußtseinsebenen. Das ist das persönliche Mißtrauen. Die meisten Menschen haben diesen Aspekt in ihrem Ego-Bewußtsein. Es beruht oft auf Erfahrungen aus vorherigen Inkarnationen und kann in der Reinkarnationstherapie behandelt werden. Es genügt jedoch auch, sich dessen bewußt zu sein, um angemessen damit umgehen zu können. Persönliches Mißtrauen kann dich auch dabei stören, Informationen aufzunehmen, die dir dein eigenes höheres Bewußtsein sendet. Du neigst dann leicht dazu, die erhaltene Information wegzuschieben und zu sagen, es sei alles nur deine Einbildung. Das ist insbesondere dann so, wenn die Informationen, die du bekommst, in einer persönlichen Weise positiv sind. In seinem Versuch, dich darin zu begrenzen, wie du dich selbst erfährst, wird dein Ego jede Information übergehen, die auf die Größe deines Wesens hinweist. Sei davor gewarnt. Mißachte Informationen kraftvoller und positiver Natur nicht einfach deshalb, weil du es nicht gewohnt bist, dich selbst als ein großartiges, vieldimensionales Wesen zu betrachten. Wieder erinnern wir dich daran, alle Informationen gegen deine persönlichen Werte und Vorlieben abzuwiegen. Du kannst kraftvolle Informationen empfangen und damit verantwortlich und wie ein integriertes und reifes menschliches Wesen umgehen. Auf diese Weise kannst du das manifestieren, was du in Wahrheit bist: Geist, der sich in einer Form manifestiert.

* * * *

Dieses Buch wird dir aus einer Dimension jenseits der physischen Realität übermittelt, mit der du dich so stark identifiziert hast. Es kommt von einem anderen Aussichtspunkt, der den Vorteil hat, von eurem linearen Verstand nicht erfaßt zu werden. Das heißt, wir haben nicht die karmischen Erfahrungen angesammelt, die eure Wahrnehmung der Realität verschleiern. Das ist nicht abwertend gemeint. Es erklärt lediglich die Diskrepanz zwischen deiner normalen Wahrnehmung und der, die diese Worte dir zeigen wollen. Du hast durch deine Entscheidung, dich in physischer Form zu manifestieren, eine bestimmte Auswahl von Erfahrungen getroffen. Dein höheres Bewußtsein fand die Erfahrungen in der menschlichen Form für deine Entwicklung nützlich. Es ist nützlich für dich, einen Filter erschaffen zu haben, durch den du deine Realität betrachtest. Jetzt ist es Zeit, über deine eigene Schöpfung hinauszugehen und dir deiner Identität ohne diesen karmischen Filter wieder klarzuwerden.

Karma war ein Spiel, für das du dich entschieden hast. Dadurch, daß du von einem Pol der Dualität zum anderen sprangst, konntest du so viele unterschiedliche Erfahrungen machen, wie du sie dir andernfalls nicht hättest erschaffen wollen. Du hast die meisten Rollen, die einem Menschen zugänglich sind, schon gespielt. Aus Gründen, die dein eigenes Höheres Bewußtsein entschieden hat, war dies für deine Entwicklung notwendig. Jetzt ist es Zeit, dich zu erinnern, daß es ein Spiel war — eine Auswahl von einzigartigen Erfahrungen, die ein Aspekt deiner Ganzheit machen wollte. Jetzt ist es jedoch Zeit, wieder dein ganzes Sein zu erfahren. Dieses Sein geht über die Form hinaus, obwohl es sie beinhaltet. Sie enthält auch andere Dimensionen der Realität. Du hast angefangen, einige dieser nicht-physischen Dimensionen zu erforschen, und das hilft dir, dich ein wenig von dem Bild zu lösen, das die physische Realität dir von dir selbst vermittelt.

Zur Gesamtheit deiner Erfahrung gehören, wie gesagt, auch andere Welten jenseits der physischen Wirklichkeit. Auch sie sind jedoch nur ein Teil deines ganzen Wesens. Gehe keiner der Ebenen, die du erkundest, in die Falle. Du bist mehr, als dein rationaler Verstand jetzt auch nur ahnen könnte. Du wirst über die physische Realität hinausgezogen und damit auch über deinen Verstand, der mit der physischen Realität verbunden ist. Dein geradliniger Verstand kann die Ganzheit deines Wesens nicht erfassen, und das beunruhigt ihn sehr. Er verwirrt dich, läßt dich zweifeln und bringt dich aus dem Gleichgewicht. Die Meilensteine der physischen Realität, an die du dich während deiner physischen Inkarnationen geklammert hast, helfen dir nicht mehr. Je näher du der Gesamtheit deines Wesens kommst, desto weniger bedeuten dir diese vertrauten Meilensteine. Die Verwirrung ist normal. Bemühe dich nicht zu sehr zu verstehen, was mit dir geschieht. Alles ist gut. Du wirst von Dimensionen außerhalb des Physischen geleitet, und alles ist gut. Der Kampf um die Einheit, um die Befreiung aus der Illusion der Trennung ist nicht leicht zu gewinnen. Es braucht Mut, Vertrauen, Glauben, viel Liebe für dich selbst und für die anderen, die auch in der Illusion der Trennung leben. Wenn du dich selbst befreist, gibst du den anderen ein Beispiel dafür, daß Freiheit möglich ist.

* * * *

Wir freuen uns darüber, daß du dich deinem eigenen Erwachen verpflichtet hast und den Menschen, denen du dienen wirst und schon jetzt dienst. Wir freuen uns über eure Fortschritte in diesem Erwachen in allen Menschen. Das ist tatsächlich das Zeichen eines Neuen Zeitalters. Du hast sicher bemerkt, daß die Veränderungen in dieser Zeit auf vielen Ebenen des menschlichen Ausdrucks vor sich gehen — in der Wissenschaft, der Kunst, der Philosophie, der Religion. Dies sind alles Zeichen für den Bewußtseinswandel auf dem Planeten. Wissenschaft und Religion sind wieder mit der Reise der individuellen Seele verbunden. Dies ist nach der bloßen Sorge für das körperliche Wohlbefinden ein Fortschritt. Viele neue Lehrer erinnern sich an alte Weisheiten und erwecken sie in ihren Schülern. In vielen neuen Bereichen wird der Mensch als eine Verkörperung des Geistes wahrgenommen. Eure Filme und Medien weisen täglich auf diese wesentliche Natur des Menschen hin. Sie transzendiert das bloß körperliche oder durch eine Kultur geformte gesellschaftliche Wesen.

Täglich sind Probleme philosophischer Natur in den Schlagzeilen. Ihr könnt euch die Arroganz getrennter Ideologien nicht mehr leisten. Wenn ihr diese Zeit des Wandels mit möglichst wenig Störungen überstehen wollt, muß alles auf Einheit hinarbeiten. Die Bewegung zur Harmonie und zum Frieden wird von vielen Kräften unterstützt. Wir empfehlen euch zu sehen, daß Störungen diesen größeren Zielen dienen. Diese Epoche in eurer Geschichte ist euch vorhergesagt worden, und jetzt seid ihr an der Reihe. Habt keine Angst, es hat alles seinen Sinn. Du wirst Mut und Entschlossenheit brauchen, um immer diese Vision weltweiter Einheit vor Augen zu behalten. Wenn du jedoch diese Vision bewahrst, beeinflußt du auch das kollektive Unbewußte in dieser Richtung. Von vielen Seiten, auch wenn du das jetzt nicht erfassen kannst, ist Hilfe für dich da. Hab Vertrauen.

* * * *

Du bemerkst, daß sich alles verändert. In deiner Jugend galten ganz bestimmte Regeln und Glaubenssätze, du standest unter dem Einfluß ganz bestimmter Idealvorstellungen über die Welt, in der du lebst. Deine Wahrnehmung hat sich geändert, und jetzt weißt du, daß viele Sitten und Prinzipien, die dir in der Jugend eingeflößt wurden, deiner wachsenden Bewußtheit über die Wirklichkeit nicht mehr gerecht werden. Du wandelst dich genauso wie die Wirklichkeit, die vom kollektiven Unbewußten manifestiert wird. Die Idee eines Staatsfeindes zum Beispiel ist längst nicht mehr so bedrohlich, wie sie einmal war. Wo früher die eigene Verteidigungsmaschinerie aufgebaut wurde, sind jetzt weltweite Abrüstungsbewegungen Realität. Genauso werden in den menschlichen Beziehungen die Verteidigungsmechanismen abgebaut, und Harmonie wird Mode. Trennungen auf allen Ebenen lösen sich auf. Schritte zur Versöhnung, zur Einheit, zur Zusammenarbeit treten an die Stelle der einst so bedrohlichen Illusion des Fremden. Die Welt fängt an, eins zu werden, und auch dein eigenes zersplittertes Bewußtsein wird allmählich eins. Auf allen Ebenen wird Harmonie geschaffen und angestrebt. Seiten deines inneren Wesens, die einst mit anderen Aspekten von dir im Krieg lagen, kommen jetzt harmonisch zusammen. All dies geschieht sowohl im Inneren als auch im Äußeren. Du kannst dieser Bewegung zur Einheit vertrauen und kannst deine Abwehr loslassen. Es ist Zeit, auf allen Ebenen abzurüsten. Du kannst dein Herz allen Nachbarn öffnen. Du kannst alle Seiten deines Wesens in die Arme schließen und mit deinem Selbst und auch mit der Welt in harmonischen Einklang kommen.

* * * *

Wenn du auf dein Leben zurückschaust, siehst du, wie du dich in deiner Art, Ereignisse und Menschen zu bewerten, geändert hast. Du denkst, daß du dich auf einen Zustand der Bewußtheit oder Weisheit hinentwickelst. Vielleicht hast du dir das selbst noch gar nicht bewußt gemacht, aber wenn du dir einen Moment Zeit nimmst und darüber nachdenkst, wirst du merken, daß du dich tatsächlich als ein Wesen betrachtest, dessen Bewußtsein sich fortlaufend entwickelt. Das gleiche gilt auch für deine Gesellschaft.

Wenn du die Schlagzeilen anschaust, die heute in euren Zeitungen stehen, und zwanzig, dreißig oder vierzig Jahre zurückdenkst, dann wird dir sofort bewußt, daß die Ereignisse und persönlichen Unternehmungen, die damals Teil der täglichen gesellschaftlichen Szene waren, am Punkt eurer heutigen Entwicklung gänzlich undenkbar wären. Wenn eine Regierung ihr eigenes Volk unterdrückt, seid ihr zu Recht schockiert. Wenn du jedoch in die Vergangenheit schaust, dann siehst du und erinnerst dich, daß diese Regierungsformen viel weiter verbreitet waren und tatsächlich zum Alltag gehörten. Wenn daher jetzt eine der früher repressiven Regierungen etwas zur Sicherung der Freiheit oder des Wohlergehens ihrer Bürger unternimmt, dann wird das in den Nachrichten gemeldet.

Die Zeiten haben sich geändert, und die Menschen haben sich geändert. Die Regierungen haben sich geändert, und die Gesellschaft ist ständig im Wandel. Eure Erde ändert sich ebenso. Alle Ebenen deines täglichen Lebens befinden sich in einer fortlaufenden Evolution. Zögere nicht, Aspekte von dir loszulassen, die dem gegenwärtigen

Ausdruck der Ist-heit nicht länger angemessen sind. Gedanken, Verhaltensmuster, Verhaltensweisen gegenüber anderen, die in der Vergangenheit vielleicht gestimmt haben, passen jetzt nicht länger zu der sich ewig entwickelnden Manifestation des Geistes, dessen Ausdruck du bist.

* * * *

In der Evolution der Erde zieht eine Veränderung in einem Bereich ganz offensichtlich auch einen Wandel in vielen anderen Bereichen nach sich. Bei dir ist es genauso. Du entwickelst dich physisch, emotional und spirituell. Deine Psychologie ändert sich, dein Bewußtsein ändert sich. Viele von euch sind immer weniger mit ihrer Psychologie und klarer mit ihrem spirituellen Selbst identifiziert. Das wirkt sich auf alle Aspekte deines Wesens aus. So wie sich die Veränderung eines Teiles deines Planeten auf alle anderen auswirkt, so beeinflußt eine Veränderung in dir alle Seiten deines Wesens.

Wenn du zum Beispiel deine Diät änderst und Drogen wegläßt, indem du entweder gar keine Drogen mehr zu dir nimmst oder weniger Koffein, Alkohol oder Nikotin konsumierst, dann hat das nicht nur eine Wirkung auf den Körper, sondern es beeinflußt dich auch im spirituellen, psychologischen und emotionalen Bereich. Die Veränderung im Körper wirkt auf alle anderen Bereiche. Meine deshalb nicht, daß in deinem Erwachen irgendeine Veränderung isoliert geschieht. Du wirst von deinem Höheren Bewußtsein geführt, und dein Höheres Bewußtsein kann alle Teile deines Wesens zu einer Veränderung veranlassen. Wenn du dich jedoch entscheidest, bewußt bei deinem

Erwachen mitzuwirken (vielleicht indem du keine Drogen mehr zu dir nimmst), kannst du damit deinem Höheren Selbst die Arbeit sehr erleichtern. Du kannst zum Partner deines Höheren Selbstes werden und dadurch dein Erwachen beschleunigen. Es ist außerdem viel sinnvoller und angenehmer, wenn du selbst bewußt an diesem Prozeß mitarbeitest, der sonst trotz deines bewußten Verstandes geschehen würde.

* * * *

Wir sehen, wie sich jeder von euch allmählich auf sein Erwachen vorbereitet. Durch sein Höheres Bewußtsein geführt, geht jeder von euch seiner Erleuchtung entgegen. Mit dem Wort Erleuchtung wird der Bewußtseinszustand beschrieben, in dem du erkennst, daß du Licht bist. Du erkennst dann, daß du nicht als getrenntes Individuum existierst, sondern nur als eine getrennte Form der Manifestation der *Istheit,* die Alles ist.

Jeden Tag wird dir ein wenig bewußter, daß dein individuelles Ich eine Illusion des Egos ist, bestärkt durch den Verstand. Dein Verstand hat verschiedenen Gedanken, die er selbst erschaffen hat, Bedeutung beigemessen. Diese Gedanken erzeugen Gefühle, die wiederum nach Ansicht des Verstandes die Gedanken bestätigen. Dieser ganze Prozeß, der Gedanken und Gefühle erschafft, die dazu dienen, das Individuum abzutrennen und ihm Bedeutung beizumessen, untersteht dem Ego. Das Individuum existiert nicht wirklich als getrennte Wesenheit. Es ist lediglich eine eigene Ausdrucksform, aber nicht getrennt vom Ganzen.

Jeder von euch wird schließlich den Mut finden, die Illusion der Getrenntheit loszulassen. Du bist schon dabei, sonst würdest du diese Worte nicht lesen. Auch die Erde bewegt sich zum Ganzen zurück. Auf irgendeiner Ebene ihres inneren Wesens erkennt sie, daß sie nicht getrennt ist und daß ihre Geschichte als getrennte Identität nicht mehr stimmt. Das wird ihr durch den energetischen Austausch zwischen ihr und den Planeten und anderen himmlischen Körpern in eurem Universum, eurer Galaxie und jenseits davon bewußt. Sie spürt, erkennt und erlebt, wie andere Energien auf ihr eigenes Energiefeld einwirken, und es wird ihr klar, daß der Eindruck der Getrenntheit, an den sie sich gewöhnt hat, falsch ist. Diese Zeit ist im Erwachen jedes Wesens traumatisch. Die Illusion, getrennt zu sein, war sehr stark, und es ist schwer, sie loszulassen, sowohl für einen einzelnen Menschen als auch für eine Gesellschaft, eine Zivilisation oder einen Planeten.

Dein Ego wird um seine Herrschaft kämpfen und versuchen, die Illusion der Getrenntheit aufrechtzuerhalten. Du bist jetzt gewarnt, daß dieser Kampf um die Einheit nicht leicht zu gewinnen ist. Du brauchst Mut, Vertrauen, Glauben und viel Liebe für dich und die anderen, die auch dieser Illusion unterliegen. In dem Maße, wie du dich selbst befreist, gibst du anderen ein Beispiel, zeigst du ihnen, daß Freiheit möglich ist.

Wir würdigen es, daß du dich dieser Aufgabe und diesem Dienst an anderen verpflichtet hast. Wir freuen uns über den Fortschritt des Erwachens in allen Menschen. Er ist wirklich ein Zeichen eines Neuen Zeitalters. Diese Zeit ist von vielen alten und neueren Propheten vorhergesagt worden. Das Erwachen findet in vielen Bereichen statt — in der Wissenschaft, der Kunst, der Philosophie, der Religion und in den erweiterten Bereichen der Psychologie, aus denen die sogenannte Human Potential- oder Wachstumsbewegung hervorgegangen ist. Alle diese Anzeichen sind Teil des Bewußtseinswandels, der jetzt geschieht. Wissenschaft und Religion kümmern sich wieder um die Reise der einzelnen Seele, und das ist ein großer Fortschritt gegenüber der reinen Sorge um das Wohlergehen des Menschen. Viele neue Lehrer erinnern sich an altes Wissen und erwecken dieses Wissen in ihren Anhängern. In vielen neuen Bereichen wird der Mensch auf einmal als eine Manifestation des Geistes betrachtet. Täglich wird in euren Filmen und Medien vom Wesen des Menschen gesprochen, das über das rein physische oder soziale Wesen hinausgeht, das eine Kultur geformt hat.

Fragen philosophischer Art sind täglich in euren Schlagzeilen zu finden. Das Abtreibungsproblem, das in Amerika und Europa im Augenblick so viel Interesse auf sich zieht, ist mit spirituellen und philosophischen Bedeutungen geladen, die weit über die Frage individueller Entscheidung hinausgehen. Es sind sehr weitreichende Fragen, die in dieser Debatte aufgeworfen werden, und es ist gut, daß die Menschen jetzt mit diesen Fragen konfrontiert werden. Die Frage der persönlichen Freiheit ist in euren Medien ausführlich debattiert worden. Es herrscht jetzt großer sozialer Druck in den Ländern, wo die Freiheit gesetzlich beschnitten worden ist, und die Länder oder rassischen Gruppen, die durch ihre Regierungen ihrer Freiheit beraubt wurden, bekommen Hilfe von außen. Freiheit und Frieden sind nicht auf einmal für den gesamten Planeten zu erwarten. Diese Bewegung der Abkehr von den persönlichen Glaubenssätzen zugunsten des allgemeinen Wohles wird mit Sicherheit Reaktionen hervorrufen, denn Kulturen haben ebenso ein Ego wie die einzelnen Menschen.

* * * *

Vielleicht überrascht es dich, daß auch eine Gesellschaft eine Identität oder eine Art „Gemeinschaftsego“ hat. Diese Vorstellung ist dir vielleicht neu. Vergiß nicht, daß alle Identifikationen letztendlich Illusionen sind. Das gilt für die individuelle Identität und genauso für die nationale oder kulturelle. Die gleiche Schwierigkeit, die du hast, deine Identität aufzugeben, hat auch eine Nation oder Kultur. Wenn diese Gesellschaft anfängt, die Identität loszulassen, an die sie sich geklammert hat, werden auch in ihr die unterdrückten Emotionen und Überzeugungen an die Oberfläche kommen. Es erschüttert die Nationen bis in ihr Fundament, wenn sie die nationale Identität loslassen, auf deren sicherer Grundlage bisher die Wahrnehmung ihrer Realität ruhte. Das wird jetzt aktuell, wo die einzelnen Nationen Europas anfangen, bewußt die Grenzen aufzulösen, die einstmals geholfen haben, ihre nationale Identität zu bestärken. Die Auswirkungen der Einheitsbewegung werden Gegenschläge hervorrufen, die die Unsicherheit und die dazugehörigen Ängste nationaler Emotionen schüren, mit denen man umgehen muß, wenn echte Einheit entstehen soll. Im einzelnen Menschen geht genau das gleiche vor sich wie in den Nationen. Du kannst dich selbst in dem Prozeß der europäischen Länder gespiegelt sehen, die dabei sind, ihre trennenden Bündnisse aufzulösen, und wirst den Prozeß, den die Länder während der Zeit ihrer Neuidentifikation als vereintes Ganzes durchmachen, auf dich selbst übertragen können.

* * * *

In dieser Zeit des Erwachens werden Illusionen losgelassen, die bisher den Rahmen für die eigene Identität gebildet haben, und das kann wirklich traumatisch sein. Aus diesem Stoff sind Heilige gemacht. Es ist schwer, das loszulassen, wofür man sich selbst gehalten hat, und Nationen und Gesellschaften werden diesen schwierigen Prozeß der Selbstprüfung genauso durchlaufen wie die einzelnen Menschen. Sie werden Ideen loslassen müssen, an denen sie unausgesprochen oder ausdrücklich seit vielen Generationen festgehalten haben. Es wird einigen Widerstand dagegen geben, Ideen, Einstellungen, politische und rechtliche Strukturen aufzugeben, die die Leute als Teil ihrer eigenen Identifikation aufgebaut haben.

Die kommunistische Partei zum Beispiel hat viele Entwicklungsstadien durchlaufen und ist gerade dabei, einige der Grundsätze aufzugeben, auf die ihre Gesellschaftssysteme sich ursprünglich gegründet haben. Das ist schwierig und ruft im einzelnen und auf nationaler und gesellschaftlicher Ebene Reaktionen hervor, die ganz normal sind. Wenn diese Reaktionen als Teil des Prozesses verstanden werden, braucht man darüber nicht enttäuscht zu sein. Man braucht auch die Richtigkeit und Dringlichkeit des Prozesses nicht in Frage zu stellen, nur weil es Widerstand gibt. Der Widerstand ist normal.

Wenn du beginnst, dich von deinen eigenen vielfältigen Identifikationen zu lösen, erlebst auch du, wie dein Verstand zurückschlägt. Dein Ego wehrt sich, indem es Verhaltens- und Denkmuster in dir hochbringt, die du längst hinter dir gewähnt hast. Das ist Teil des Reinigungsprozesses, und du brauchst dich deswegen nicht zu beunruhigen. Benutze deine Widerstände, deine sich wiederholenden Muster und deine mentalen Gegenreaktionen nicht dazu, den Prozeß in Frage zu stellen, auf den du dich so mutig eingelassen hast. Sie sind eher eine Bestätigung dafür, daß du auf dem rechten Wege bist.

Wenn dein Ego nicht bedroht ist, wenn es nichts zu fürchten gibt, läuft alles reibungslos. Das Selbst ist jedoch eigentlich Liebe. Wenn dir das allmählich klar wird und du die Seiten in dir zu kultivieren beginnst, die jenseits des Selbstverständnisses liegen, an das dein Ego sich gewöhnt hat, dann verteidigt es sich. Die größte Waffe des Ego ist dein Verstand. Er wird durch seine Gedanken versuchen, dein Selbstverständnis wieder in die vertrauten Grenzen zurückzubringen. Das ist ganz normal, und du brauchst dich nicht darüber zu wundern. Das wichtigste ist, daß du deinem Verstand nicht in die Falle gehst, wenn er zum Beispiel sagt, wenn du diesen und diesen Gedanken denkst, kannst du auf keinen Fall auf dem Weg zur Erleuchtung sein. Deine Gedanken werden versuchen, dich davon abzuhalten, dein wahres Selbst geltend zu machen. Laß dich nicht davon abbringen, laß dich nicht im Netz des Egos fangen. Du bist auf dem Weg zur Freiheit. Der erste Gegner, dem du auf diesem Weg immer begegnest, ist dein eigener Verstand.

* * * *

Der Prozeß des Erwachens erfordert Wissen und Disziplin. Wissen und Disziplin entwickeln Weisheit. Es ist gut, wenn du verstehst, wie der Verstand arbeitet, und die „Mechanik" des Egos durchschaust. Das reicht jedoch nicht aus, um dich von einer Manifestation des Seins vollständig in eine andere zu verwandeln. Wenn man sich einmal des Mechanismus bewußt ist, mit dem man zu tun hat, ist es auch notwendig, Disziplin zu üben.

Disziplin ist nicht modern und ziemlich unbeliebt. Besonders in den westlichen Gesellschaften, wo es hierüber keine stillschweigende Übereinkunft und auch wenig Beispiele für spirituelle Disziplin im täglichen Leben gibt, ist es nicht populär, die Idee zu verbreiten, daß vielleicht Disziplin nötig ist. Viele von euch haben jedoch schon gemerkt, wie wichtig und wohltuend es ist, regelmäßig zu meditieren. Auch wenn du regelmäßig körperliche Übungen machst, weißt du, daß die Vorteile die unbequemen Seiten der Disziplin aufwiegen. Manche von euch sind vielleicht sogar damit vertraut, bei ihren täglichen Aktivitäten ein Mantram oder eine Affirmation zu wiederholen. Wenn du dich dieser Disziplin unterzogen hast, weißt du auch, wie gut das für dich ist. Deshalb sollte es nicht allzu schwer sein, dich in der Disziplin zu üben, die Gedanken nicht zu beachten. Seine Gedanken nicht zu beachten mag dir wie die Antithese zu dem Bild eines intelligenten Menschen vorkommen. Wir meinen damit natürlich nicht, daß du jetzt alle Gedanken kategorisch fallen lassen sollst. Wir empfehlen dir jedoch sehr, bestimmte Arten von Gedanken nicht zu beachten.

Der erste Gedankentypus, den du üben solltest, nicht zu beachten, ist der urteilende Gedanke. Du kannst damit anfangen, alle Gedanken zu ignorieren, die in irgendeiner Weise ein negatives Urteil beinhalten. Das bedeutet nicht, daß du alle Dinge und alle Menschen gern magst. Es heißt auch nicht, daß du deine natürlichen Neigungen unterdrücken sollst. Wenn du merkst, daß du irgend etwas oder irgendeinen Menschen negativ bewertest, dann laß diesen Gedanken einfach los. Diese Disziplin ist anfangs recht schwierig. Du wirst dich in deinem Alltag viele Male selbst daran erinnern müssen. Wenn du einmal damit begonnen hast, wirst du überrascht feststellen, wie viele Gedanken unter diese Kategorie negativer Bewertungen fallen. Es kann ein recht subtiler Prozeß sein. Wir empfehlen dir jedoch sehr, diese Disziplin auszuprobieren, denn es wird viel Negativität aus dem kollektiven Unbewußten entfernen.

* * * *

Die Technik, Gedanken nicht zu beachten, ist recht leicht, auch wenn sie Disziplin erfordert. Der erste Aspekt davon ist zu erkennen, welche Gedanken negative Bewertungen deiner selbst, der Dinge und der anderen Menschen darstellen. Es ist sehr wertvoll für dich, allmählich die Feinheiten kennenzulernen. Negative Bewertungen können sehr subtil sein, insbesondere wenn sie dich selbst betreffen. Wenn du anfängst, deine Gedanken zu beobachten, erkennst du allmählich deine ganz speziellen Muster, die sehr subtil oder auch ganz offenkundig sein können. Nach einiger Zeit wirst du erkennen können, wie du dich verändert hast. Wahrscheinlich weißt du gar nicht, wie viele negative Bewertungen du über dich hast. Es ist sehr nützlich, dir dieser Gedanken allmählich bewußt zu werden, denn durch diese Gedanken verhindert das Ego, daß du wahrnimmst, wer du wirklich bist. Das ist seine Rolle, und wenn es zulassen würde, daß du spürst, wie unendlich weit du in Wahrheit bist, wäre das nicht in seinem Sinne. Es versucht also, deine Erfahrung zunichte zu machen, daß du wertvoll bist, um so Kontrolle über dein Selbstbild zu behalten.

Wenn du alle deine begrenzenden, negativen, bewertenden Gedanken über dich selbst aufgeben könntest, würdest du erkennen, daß du grenzenlos bist. Du bist wertvoll, du wirst geschätzt, und du brauchst dich nicht mehr darin zu begrenzen dein ganzes Spektrum zu erkennen. Du kannst alle negativen Urteile über dich selbst loslassen und nach Hause kommen — in den Frieden, die Freude und die Liebe, die du in Wahrheit bist.

* * * *

Diese Disziplin, negative Urteile über dich selbst bzw. über das, was du zu sein glaubst, loszulassen, hilft dir sehr. Du kannst sie auch auf alle anderen ablehnenden Gedanken ausweiten, das heißt, auf Gedanken, die irgend etwas oder irgend jemandem Leben entziehen. Vielleicht hast du schon bemerkt, daß du dich immer einen Moment lang überlegen fühlst, wenn du negativ über etwas oder jemanden denkst. Im ganzen gesehen fühlst du jedoch einen Verlust, als wäre deine Welt gerade etwas kleiner geworden. Und so ist es auch. Wenn du Dinge oder Menschen ablehnst, begrenzt du deine Möglichkeiten in der Welt, denn du trennst dich von deiner Umgebung und deinen

Mitmenschen ab und fühlst dich dadurch isoliert. Anfangs erlebt das Ego eine Art Welle von Dankbarkeit dafür, daß es etwas Besseres und Höheres zu sein scheint. Bald fühlst du dich jedoch isoliert, weil du dich abgetrennt und somit etwas von deiner Verbundenheit und Lebendigkeit verloren hast. Deshalb helfen dir negative Gedanken letztlich nicht, und schon gar nicht bei deinem Erwachensprozeß.

Wir meinen damit nicht, daß du alle Unterscheidung abschaffen sollst. Es ist notwendig, Erfahrungen, Menschen und auch Dinge einzuordnen. Deshalb ist nichts Falsches an Vorlieben und Entscheidungen, die du aufgrund dieser Vorlieben triffst. Das ist jedoch etwas anderes, als einen anderen Menschen oder eine Sache abzulehnen. Ablehnung ist eine Form von Verteidigung. Indem es sich über jemanden stellt, schützt sich das Ego vor dem Gefühl, minderwertig zu sein. Das hat nichts mit positivem Unterscheiden zu tun. Positiv unterscheiden heißt, daß du den Nutzen, die Wirksamkeit, die Erscheinung und die Energie eines Menschen, eines Gegenstandes oder einer Situation richtig einschätzt. Wenn sie auf positiver Unterscheidungsfähigkeit beruhen, sind deine persönlichen Vorlieben außerordentlich nützlich und für einen reifen Ausdruck deines individuellen Lebens auch nötig. Um auswählen zu können, braucht man jedoch nichts abzulehnen. Wir verlangen also nicht, daß du deine Vorlieben aufgibst, sondern nur, daß du das, was dir nicht so gut gefällt, nicht ablehnst.

* * * *

Du weißt, daß deine Gedanken die Erfahrung deiner Wirklichkeit erschaffen. So erschaffen sie auch, wie du dich selbst erfährst. Wenn du negativ über dich, dein Leben, deine Fähigkeiten oder dein Wertsystem denkst, dann erschaffst du damit genau diese Erfahrung. Wir legen dir deshalb ans Herz, damit aufzuhören. Dann kannst du erfahren, wer du in Wahrheit bist.

Genauso begrenzt du mit deinem Urteil über andere auch die Möglichkeit, die anderen neu zu erfahren. Wenn du einmal entschieden hast, daß du jetzt weißt, wer oder was jemand ist und wozu er oder sie fähig ist, hast du die Möglichkeit ausgeschaltet, das Mysterium zu entdecken, das in jedem Menschen steckt. Vorlieben sind natürlich und menschlich, aber sie sagen nichts darüber aus, wie etwas in Wahrheit ist. Vergiß deshalb nicht, daß du begrenzt, was du bewertest. Wenn du etwas negativ beurteilst, glaubst du, du wüßtest etwas über dich oder jemand anderen, und damit nimmst du dem Geheimnis des Lebens etwas von seiner Möglichkeit, dich mit seinen Wundern zu überraschen.

* * * *

Du kannst vieles tun, um deine Wahrnehmung zu entwickeln und allmählich zu sehen, wer du wirklich bist. Du hast dich lange mit deinen Gefühlen und deinem Körper identifiziert. Das entspricht deinem Ego, denn es kennt keine andere Realität als die der physischen Verkörperung, in der es funktioniert. Du erkennst jetzt jedoch allmählich, daß du mehr bist als dein persönliches Ich, das auf der Wahrnehmung deines Egos aufbaut. Du bist auch ein Aspekt des transpersonalen Bewußtseins, das allen physischen Manifestationen Leben gibt. Das transpersonale Bewußtsein existiert auch jenseits der physischen

Form. Um mit dem transpersonalen Bewußtsein in Berührung zu kommen, das jenseits aller persönlichen Ichs liegt, mußt du in die transpersonalen Bereiche deines eigenen Bewußtseins gehen. Du kannst deine Verbindung mit diesem Bewußtsein auf vielfältige Weise erfahren.

Wie schon erwähnt, ist Channeln ein Weg dazu. Die Autorin dieses Buches ist durch diesen Prozeß gegangen, und er steht allen offen, die ihn suchen. Du brauchst dafür nicht besonders qualifiziert zu sein, nur bereit, über deine Persönlichkeit hinauszugehen. Anleitungen hierzu gibt dir am Ende dieses Buches die Autorin durch ihr persönliches Ich. Vielleicht helfen sie dir auf deiner inneren Reise zu den transpersonalen Bereichen deines eigenen Bewußtseins.

Es gibt noch andere Wege, um dich mit dem Transpersonalen zu verbinden. Meditation ist ein Weg. Gebet ist ein anderer. Es gibt in den meisten Religionen irgendeine Disziplin dieser Art.

* * * *

Das transpersonale Bewußtsein, das alles Leben beseelt, hat viele Namen. Meistens wird es als „Gott“ bezeichnet. Die vielen Kulturen haben es in vielen Göttern personifiziert, wobei jede Kultur das Transpersonale mit ihren eigenen Werten, Idealen und Moralvorstellungen besetzt hat. Der Gott einer Kultur reflektiert deshalb das Gedankensystem dieser Kultur. Auf diese Weise dient der jeweilige Gott, der die Grundlage der Religion bildet, dazu, eine gewisse Ordnung in das soziale Leben einer Kultur zu bringen und auch in das, was für ihr Überleben notwendig ist. Dies hat der Menschheit in ihrer Entwicklung auf der

Erde sehr geholfen. Ordnung und Form haben der Evolution gedient. Durch die Zivilisation konnten die Menschen ihre physische Existenz angenehmer machen. Aus der Zivilisation ist die Technologie erwachsen und hat es den Menschen ermöglicht, sich selbst einen angenehmen Lebensstil zu schaffen. Dabei haben sie jedoch große Teile des Planeten für ihre eigenen Bedürfnisse und Zwecke unterjocht.

Wir möchten andeuten, daß die transpersonale Seite des Bewußtseins, die hinter allen Religionen und der Erschaffung aller Götter steht, eine Kraft ist, die nicht unter die Herrschaft der Menschen gebracht werden kann. Dieses transpersonale Bewußtsein bringt den Menschen hervor, so wie alle Schöpfung. Die Quelle kann nicht durch ihre Produkte beherrscht werden. Sie ist der Ursprung und ist nicht zu unterwerfen, schon gar nicht von irgendeiner ihrer Manifestationen. Ordnung und Kontrolle können nicht der Kraft auferlegt werden, die alle Dinge erschafft.

Diese Kraft ist ihrer Natur nach weiblich, das heißt, sie ist nicht strukturiert und nicht logisch. Sie ist nicht rational, jedenfalls nicht so, wie der menschliche Verstand Rationalität definiert. Diese Kraft, dieses transpersonale Bewußtsein, das alles Leben beseelt, *ist* einfach. Man kann sie als das unendliche Chaos ansehen, aus dem alle Emanationen ausströmen. Die Quelle ist der Raum, in dem alle Schöpfung existiert. Deshalb halten wir sie für weiblich.

* * * *

Ein Aspekt deines persönlichen Selbst ist mit der Quelle des Lebens verbunden und ist es immer gewesen. Die verschiedensten Schulen während der ganzen Geschichte der Menschheit haben Techniken entwickelt, um dem einzelnen Menschen die überpersönliche Quelle persönlich erfahrbar zu machen. Auf diese Weise haben in der menschlichen Geschichte viele Millionen Menschen ihre persönliche Verbundenheit zur Quelle aller Formen erfahren, und eine Disziplin ist dabei nicht besser als eine andere.

Das menschliche Ego hat sich jedoch mit bestimmten Religionen und Disziplinen identifiziert. Es hat seine Identität auf diese Religionen, auf diese Disziplinen ausgerichtet und hat dadurch seine eigene Religion und seine eigene Disziplin zur richtigen erklärt und andere abgelehnt. Das ist jedoch falsch. Jede Religion, Technik oder Disziplin ist wahr, die den einzelnen seine Verbundenheit mit dem transpersonalen Bewußtsein, der Quelle aller Manifestationen, erfahren läßt. Das Individuum sehnt sich nach dieser Verbindung; sie ist ihm heilig. Deshalb hat der Mensch angenommen, daß die Religion oder Disziplin, die sein Bewußtsein zum Transpersonalen öffnet, heilig sei. Die Menschen haben um ihr Recht auf diese Erfahrung gekämpft, wenn sie für die Aufrechterhaltung oder Vormachtstellung ihrer besonderen Religion oder Disziplin kämpften. Das war nicht sehr hilfreich, sondern hat zu vielen Unruhen und Kriegen geführt. Es hat die Evolution und auch die Entwicklung des Verstehens für die Menschen verzögert. Jede Technik und jede Disziplin ist gut, die die individuelle Erfahrung für ihre Verbindung zur ursprünglichen Quelle öffnet. Jede fundierte Religion und Disziplin hilft und braucht nicht unterdrückt oder durch irgendeine andere, die auch funktioniert, außer Kraft gesetzt zu werden.

Die Religionen waren immer bestrebt, sich zu schützen, um ihren Zugang zum transpersonalen Bewußtsein, das die Quelle allen Lebens ist, aufrecht zu erhalten. Das ist zwar natürlich, aber die Militanz, mit denen manche Religionen sich verteidigt haben, ist nicht länger angemessen. Die Menschen haben in ihrer Entwicklung jetzt ein Stadium erreicht, wo sie alle Religionen und alle Disziplinen integrieren und ehren können, die dem Menschen Zugang zum transpersonalen Bewußtsein verschaffen. Religionskriege sind nicht mehr angemessen. Die Religionen müssen erkennen, daß es viele Wege zur Quelle gibt. Einige dieser Wege sind ganz persönlich und lassen sich keiner bestimmten Religion zuordnen. Wenn sie das Bedürfnis des Menschen nach dem transpersonalen Bewußtsein stillen, sind sie dennoch gut und hilfreich.

Viele der Techniken, die jetzt in Verbindung mit dem Neuen Zeitalter auftauchen, sind formal nicht auf eine bestimmte Religion beschränkt. Oft sind sie aus vielen Disziplinen, die der Betreffende in verschiedenen Leben gemeistert hat, entstanden. Ihr braucht euch nicht darum zu kümmern, ob eine Technik korrekt oder irgendwie anerkannt ist, ihr braucht nur dem zu vertrauen, was ihr durch sie erlebt. Wenn irgendeine Technik oder eine Verschmelzung verschiedener Disziplinen euch mit dem Göttlichen verbindet und euch für die Quelle, das Transpersonale, öffnet, dann ist sie gut und richtig. Eure eigene Erfahrung ist genug. Man braucht keine Billigung durch eine bestimmte Religion, um die eigene Verbindung mit Gott zu erfahren.

* * * *

Der Mensch sehnt sich danach, zur Quelle zurückzukehren und seine Verbundenheit mit Allem, Was Ist, zu erfahren, und diese Erfahrung steht ihm durch den Kontakt mit dem transpersonalen Aspekt seines eigenen individuellen Bewußtseins zur Verfügung. Die Sehnsucht nach dem Transpersonalen, nach dem Göttlichen, nach Gott existiert in jedem menschlichen Wesen, und das ist gut so. Sie treibt den Menschen dazu, über sein persönliches Ego hinauszugehen — etwas Größeres zu suchen als sein individuelles Ich. Dadurch hat das Ego ihn nicht mehr so fest im Griff.

Jeder einzelne Mensch ist mit dem Transpersonalen verbunden und daher vollkommen ohne jede Grenzen. Das Ego wünscht jedoch nicht, daß der Mensch seine Verbindung zu den transpersonalen Reichen des Bewußtseins erfährt, und wird deshalb versuchen, die Erfahrung seiner eigenen Göttlichkeit zu leugnen.

Das ist, wie gesagt, nicht schlecht. Das Ego kämpft einfach nur um sein Überleben. Jetzt ist es jedoch Zeit, über das Ego hinauszugehen und das Einssein zu erfahren, das hinter der Illusion aller Trennung liegt. Es ist insbesondere notwendig, daß ihr mit allen anderen Lebensformen auf der Erde und mit der Erde selbst eins seid. Im Bewußtsein ist alles eins. Deshalb bringen wir euch dieses Buch. Es ist Zeit für euch, euer Ego zu überwinden, euch mit der transpersonalen Seite eures Bewußtseins zu verbinden und eure Einheit und deshalb Partnerschaft mit allem Leben zu erfahren.

* * * *

Wenn du einmal erkannt hast, wie eng du mit dem Wesen Erde verbunden bist, wirst du allmählich auch sehen, wie du ihr helfen kannst. Wir erinnern dich noch einmal daran, daß sie dir unglaublich hilft und dies durch all deine Leben hindurch getan hat. Wahrscheinlich gibt es kein anderes Wesen, das du für so selbstverständlich erachtest, wie sie. Die Menschen können es sich nicht mehr leisten, den Planeten Erde als gegeben hinzunehmen. Er ist in Gefahr. Die Menschen können der Erde helfen oder sie weiter mißbrauchen. Wenn der Mißbrauch weitergeht, wird sie das menschliche Leben nicht länger tragen können. Sie ist nicht mehr fähig, alle Lebensformen, die sie einst genährt hat, zu unterstützen, weil ihre ökologischen Systeme zerstört sind. Jedes Ökosystem ist sehr empfindlich und ausgeklügelt mit anderen Systemen verbunden, die die verschiedenen Formen tierischen und pflanzlichen Lebens unterstützen. Auch der Mensch muß über seine persönlichen Bedürfnisse hinausgehen und bereit sein, dem Geheimnis allen Lebens zu dienen — ganz gleich, ob ihm das nun direkt zu nützen scheint oder nicht.

* * * *

Jeder von euch, der dieses Buch liest, hat schon angefangen, sich mit anderen Formen des Lebens verbunden zu fühlen. Ihr wißt, daß äußere Erscheinungen täuschen, daß zum Beispiel der Anschein, von anderen Formen getrennt zu sein, nicht die höchste Wahrheit ist. Du weißt, daß du die Wahrheit wissen kannst, ohne daß sie dir gesagt wird. Du weißt, daß du mit deinen Mitmenschen und vielleicht sogar mit deinen Haustieren telepathisch kommunizieren kannst. Du kannst dich auch, wie wir vorgeschlagen haben, mit der Erde verständigen. Sie freut sich darüber. Wir wissen, daß die Anzahl der Menschen, die dieses Buch lesen werden, im Verhältnis zur Anzahl aller Menschen auf der Erde winzig ist. Wir wissen auch, daß die Leser dieses Buches sich der Bedürfnisse des Planeten schon bewußt sind. Vielleicht kommt es euch daher ganz unnütz vor, wenn wir uns mit denen von euch verständigen, die sich der Verzweiflung der Mutter Erde schon bewußt sind und darauf reagieren. Wir möchten euch jedoch sehr nahe legen, daß es noch sehr viel für sie zu tun gibt, viel, was ihr Leiden lindern kann. Wenn du mit ihr kommunizierst, ist das schon außerordentlich hilfreich.

Man kann sich vielleicht nicht vorstellen, welche Wirkung ein einzelner Mensch auf das erwachende Bewußtsein haben kann. Da gibt es das offensichtliche Beispiel, das ein Mensch für seine Umwelt und seine Mitmenschen setzen kann. Dein Bewußtsein kann sich auf deine Familie ausbreiten, auf deine Freunde, deine Kollegen und deine Nachbarn. Jede kleine Handlung zum Erhalt der Harmonie des Planeten kann wie ein Tropfen im Wasser Ringe bilden, sich ausbreiten und vielen anderen Menschen einen Anstoß geben. Das ist klar.

Nicht so klar ist die physische Wirkung, die *ein* erwachendes Bewußtsein auf das kollektive Bewußtsein aller Wesen haben kann. Jedesmal, wenn du dich mit dem transpersonalen Aspekt deines eigenen Bewußtseins verbindest, weitest du die Öffnung und machst es anderen leichter, dasselbe zu tun. In eurer linearen Sprache ist das schwer zu erklären, aber vielleicht könnte man sagen, daß der Film oder die Barriere, die die jetzige Grenze des menschlichen Bewußtseins bildet, durchlässig ist, und jedesmal, wenn auch nur ein Mensch diesen Film oder diese Barriere durchdringt, hat das gesamte Bewußtsein der Menschheit Zugang zu der überpersönlichen Bewußtseinsebene, die alles Leben beseelt.

* * * *

Stell dir einen Plastikfilm vor, der eine bestimmte Menge Wasser von Luft trennt. Wenn man in den Film hineinsticht, entsteht ein Loch, und Wasser fließt in den leeren Raum hinüber. Dies ähnelt der Wirkung, die ein Mensch haben kann, wenn er durch sein gewöhnliches Bewußtsein zum Transpersonalen durchstößt. Je öfter diese Barriere durchstoßen wird, desto mehr Wasser fließt. Deshalb kann auch nur ein Mensch, der die gewöhnlichen Bewußtseinsbereiche hinter sich lassen und zu den überpersönlichen Bewußtseinsebenen durchdringen kann, dieses Transpersonale für alle Menschen zugänglicher machen. Das ist der Grund, weshalb selbst der einsame Mönch, der in einer Höhle meditiert, einen Einfluß auf das gesamte Bewußtsein der Menschheit hat.

Deshalb legen wir dir nahe, auf irgendeine Weise, die dir gefällt, Verbindung zu den transpersonalen Seiten deines Bewußtseins aufzunehmen. Es ist jetzt Zeit dafür, es ist die Zeit des Erwachens. Die nächsten vierzig Jahre auf eurem Planeten werden tiefgreifende Bewußtseinsveränderungen mit sich bringen, und ihr werdet der Einheit näherkommen. In den Bereichen der Politik, der Wirtschaft und der Religion hat das schon begonnen, und diese Tendenz setzt sich fort. Die einzelnen Führer in diesen

Bereichen sind sich der Rolle nicht bewußt, die sie bei der Vereinigung der Menschheit spielen. Die Trennung der Menschheit ist jedoch sehr weit gegangen. Es ist Zeit, zur Einheit zurückzukehren.

* * * *

Je mehr du zu der Wahrheit erwachst, daß du ein großartiges vieldimensionales Wesen bist, umso näher kommt auch das kollektive Bewußtsein diesem Erwachen. Deshalb ist dein eigenes Erwachen für das Erwachen der Menschheit so unerläßlich. Es ist nicht egoistisch, an deinem eigenen Erwachen zu arbeiten, denn das ist nicht nur gut für dich. Natürlich tut es dir persönlich gut zu merken, daß du ein unbegrenztes Wesen bist, und das soll auch so sein. Wenn es dir gut geht, zeigst du damit deinen Freunden, daß man tatsächlich viel gewinnt, wenn man sich mit den transpersonalen Seiten des Bewußtseins befaßt. Es gibt den anderen, die immer noch dem Ego verhaftet sind, ein gutes Beispiel. Das Ego wünscht sich auch diese Vorteile, die die Öffnung für das eigene spirituelle Wesen mit sich bringt, die Gelassenheit, den Seelenfrieden, die spontane Freude an den Schönheiten des Lebens. Viele Spannungen und Kämpfe lösen sich auf, wenn man sich den größeren Seiten des eigenen Wesens öffnet. So sollte es sein. Das Leben auf der Erde ist nicht als Leidensweg gedacht, sondern als ein Weg der Freude.

Es ist das Ego, das so viel unnötiges Leiden geschaffen hat. Das Ego will überleben, koste es, was es wolle, und die Kosten sind sehr groß gewesen. So, wie das Ego die Wirklichkeit sieht, bedeutet sein eigenes Überleben oft die

Unterdrückung der Bedürfnisse anderer. Wenn man sich der größeren Perspektive öffnet, sieht man, daß einem etwas nur dann wirklich von Nutzen ist, wenn es allen nützt. Wenn auch nur ein Mensch dabei verliert, verlieren alle. Das ist eine Tatsache und nicht nur ein Rechtfertigungsversuch. Jedes Individuum ist mit dem Ganzen verbunden, und deshalb geht es dem Individuum gut, wenn es dem Ganzen gut geht. Wir freuen uns darüber, daß du versuchst, dein ganzes Wesen zu verwirklichen. Das ist nicht nur für dich segensreich, sondern für alles Bewußtsein, und wir möchten dich ermutigen, damit fortzufahren.

Jedemal, wenn du tiefer in die Erfahrung deines eigenen Seins eindringst, macht das Mysterium des Lebens dich bescheidener. Die wahre Demut, die das Erwachen begleitet, wird es dir nicht erlauben, dich anderen Formen des Lebens gegenüber überlegen zu fühlen. Alles Leben ist miteinander verbunden, alle Form ist miteinander verbunden, ob du sie als belebt oder unbelebt betrachtest. Das Bewußtsein erschafft alle Form, es gibt letztendlich keine Rangordnung. Du bist jedoch damit gesegnet, eine bewußte Existenz zu führen. Das ist ein wunderbares Geschenk.

* * * *

Es sieht vielleicht so aus, als ob heute so viel auf der Erde getan werden müsse, daß dein Beitrag daneben sehr unbedeutend erscheint. Wir möchten dir gern ganz klarmachen, daß jeder Schritt, den ein Mensch tut, ein Gewinn für alle ist. Lasse dich von der Ungeheuerlichkeit der Aufgabe nicht entmutigen. Wenn du deine Welt anschaust, kannst du viele, viele Veränderungen sehen, die noch vor kurzem undenkbar gewesen wären. Die Zeiten ändern sich wirklich. Schwimme mit dem Strom, und alles wird gut sein.

* * * *

Du hast dich wahrscheinlich über den Verfall und die Zerstörung deiner Umwelt gesorgt. Wir verstehen diese Sorge. Du hast dich wahrscheinlich auch von der Aufgabe überfordert gefühlt, die zerstörerischen Praktiken eurer Geschäftswelt, eurer Fabriken, eurer Holzfäller, eurer Fischer zu verändern. Es ist jedoch nicht unmöglich. Ein einzelner kann vieles tun. Eure Sorge ist nicht verschwendet, wenn sie von Taten begleitet wird. Wir haben schon erwähnt, daß du als Bürger Einfluß auf die Gesetzgebung nehmen kannst, um deine Umwelt zu schützen und mit anderen und mit der Erde zu einer Harmonie zu kommen. Es gibt viele Wege, wie du bei den Regierungen eures Planeten etwas bewirken kannst. Du kennst diese Methoden. Die Umwelt braucht deine Hilfe. Die Natur schreit danach.

Du könntest in deiner Lebensgemeinschaft Projekte organisieren, die eure Umgebung oder euren Lebensraum reinigen oder sogar verbessern. Du kannst dich an nationalen und internationalen Gruppen oder politischen Parteien beteiligen, die sich für Umweltschutz einsetzen. Du kannst dich darüber informieren, wie du als einzelner in deinem täglichen Leben der Erde etwas Gutes tun kannst.

Du kannst umweltschädliche Artikel aus deinem Heim verbannen, kannst nur wiederverwendbare Produkte akzeptieren und keine Wegwerfware kaufen. Du kannst zu Hause Wasser und Energie sparen. Du kannst umweltfreundlich hergestellte Produkte kaufen. Du kannst mit anderen über deine Ansichten sprechen. Du kannst mit Geschäftsleuten darüber sprechen, was sie tun können. Du kannst denen einfache Alternativen zeigen, die sich noch keine Zeit genommen haben oder auch nicht das Bewußtsein haben, sich selbst über diese Problematik zu informieren.

Die meisten Menschen wollen helfen, fühlen sich jedoch genauso überfordert wie du. Deshalb hält niemand inne, um zu prüfen, was eigentlich möglich wäre. Wenn du dir Zeit nimmst zu überlegen, was getan werden kann, wirst du viele, viele kleine Dinge entdecken, die jeder Mensch für seine Umwelt tun kann.

Du kannst dich auch über deine individuelle Praxis und über die Gesetzgebung hinaus in ganz bestimmten Fragen engagieren. Du kannst zum Beispiel keinen Thunfisch kaufen, wenn er mit Methoden gefangen wurde, bei denen Delphine abgeschlachtet werden, und du kannst andere darüber informieren. Du kannst dein Lebensmittelgeschäft bitten, solche Waren nicht zu führen. Du kannst helfen, deine Gemeinde, deine Kollegen und deine Familie zu informieren. Es haben sich viele Gruppen um spezielle Umweltfragen gebildet, wie zum Beispiel um die Regenwälder, die Delphine, die Wale, die Elefanten, die Wasserversorgung und vieles andere, und du könntest dich an einer solchen Gruppe beteiligen.

Wir erinnern dich immmer wieder daran, daß du ein Mikrokosmos des Ganzen bist. Jedesmal, wenn du deiner Umgebung etwas Gutes tust, wirkst du auf das kollektive Bewußtsein des Makrokosmos ein. Die kleinste Handlung hat eine Wirkung. Je mehr du und andere ihre Handlungen darauf ausrichten, eure Umwelt zu schützen und zu verbessern, desto mehr erwacht das kollektive Bewußtsein und wird sich dieser Notwendigkeit bewußt. Es geht nicht nur um die Sprudelflasche, die du von der Autobahn aufsammelst, oder die Plastiktüte, die du aus dem Wald entfernst. Es geht um die Wirkung, die deine gezielten Handlungen auf das gesamte Bewußtsein der Menschheit haben.

* * * *

Du hast dich gefragt, was du tun kannst, um das Leiden der Erde zu lindern, und wir haben dir ein paar Vorschläge gemacht. Die wirksamste Art, ihr zu helfen, ist, ihr dein Herz zu öffnen. Wenn du einmal anfängst, sie als die Quelle zu würdigen, die all euer menschliches Leben nährt, wirst du anfangen, sie mit Liebe und Respekt zu behandeln. Wenn du einmal dein Einssein mit ihr erkannt hast, wirst du für sie so sorgen wollen, wie du für dich selber sorgst.

Die Erde ist deine Mutter und dein Kind. Wenn du sie als das Wesen ansiehst, das sie ist und mit dem du in Beziehung stehst, wirst du auch herausfinden, wie du ihr Gutes tun kannst. Du kannst direkt mit ihr Kontakt aufnehmen. Es gefällt ihr ,wenn du dich mit ihr verbindest und so deine Beziehung zu ihr würdigst. Es hilft ihr, ganz besonders in dieser Zeit des Wandels. Wenn sie dein Kind wäre, würdest du Wege finden, ihr etwas Gutes zu tun, und würdest alles vermeiden, was ihr schadet. Du tätest alles, auch wenn es dir unbequem wäre. Sie ist beides, Mutter und Kind, und du kannst im Umgang mit ihr deine Achtung und Fürsorge zeigen. Das tut nicht allein ihr gut, sondern es erschafft auch im kollektiven Bewußtsein eine Energie der Achtung und Fürsorge und ist deshalb umso nützlicher für sie.

* * * *

Du weißt, daß dein Planet in Gefahr ist. Du weißt, daß er den Mißbrauch, der mit ihm getrieben wird, nicht länger ertragen kann. Du kannst ihn trösten. Du kannst dich mit seinem innersten Wesen verbinden und ihm deine Liebe schenken. Er kann dir sagen, was er braucht. Du kannst darauf vertrauen, daß du ihn richtig hörst.

Die Energie der Erde ist eine der uralten vier Elemente. Sie ist für deine Erfahrung als in Form verkörperter Geist eine erdende Kraft. Jedesmal wenn du dich der Energie des Planeten öffnest, erdest du deine eigene Energie. Du zentrierst oder sammelst dein eigenes Selbstgefühl als eine Verkörperung des Geistes in Form, und das hilft dir genauso wie dem Planeten.

Vielleicht kennst du die Kirlianfotografie von der menschlichen Aura. Mit dieser Technik kann die Energie, die durch die Hand eines Menschen fließt, fotografisch aufgezeichnet werden. Man hat dies auch mit anderen lebenden Wesen gemacht. Eure Erde ist ein Wesen, und ihre Aura ist ungeheuer groß. Sie reicht so weit wie ihre Atmosphäre. Das ist die Energie, in der du lebst. An diese Energie hast du dich gewöhnt und merkst nicht mehr, wie sie auf dich wirkt. Wenn du dich ihr jedoch bewußt öffnest, kannst du fühlen, wie diese Kraft auf dein inneres und äußeres Selbst wirkt.

Genauso, wie die Erde eine Aura hat, hat sie auch eine Seele. Ihr Wesen ist so einzigartig wie das deine. Es gibt viele, viele Planeten in den Reichen der Form, und die Erde ist darin eine einzigartige Wesenheit. Ihre Farbe ist einzigartig. Sie ist der blaue Planet genannt worden. Auch ihre Lebensformen und ihre physische Topographie gibt es nur einmal. In eurem Sonnensystem spielt sie eine wichtige Rolle. Viele Wesen, die nicht auf der Erde leben, haben größtes Interesse daran, daß es ihr gut geht. Wir haben uns alle versammelt, um euch diese Nachricht und andere ähnlich wichtige zu überbringen. Wir können uns nicht länger zurücklehnen und warten, bis die Menschen so reif geworden sind, daß sie von selbst für ihre Umwelt als einem Aspekt ihrer selbst sorgen. Die Erde kann nicht warten. Deshalb versuchen wir, euch durch diese Worte an eure Beziehung zu ihr zu erinnern und an die Notwendigkeit, für sie zu sorgen.

* * * *

Jeder von euch ist an dem Wandel beteiligt, der jetzt auf der Erde vor sich geht. Jeder von euch merkt allmählich, daß ihr mehr seid, als ihr noch vor kurzem dachtet. Du bist mehr als bloß das Ergebnis deiner Geschichte, deiner Gefühle, deiner Vorlieben und Ideen.

Jeder von euch ist eine einzigartige Zusammenstellung der Möglichkeiten, die das grenzenlose Kollektiv beinhaltet, eine, die es noch nie gegeben hat und nie wieder geben wird. Wie die Schneeflocke ist jeder einzigartig, obwohl es Milliarden von euch gibt. Viele der Möglichkeiten, die du repräsentierst, waren deinem Wachbewußtsein bislang nicht zugänglich.

In deiner traditionellen Ausbildung, deiner traditionellen Religionserziehung und sehr wahrscheinlich auch in deiner Familie hat es nichts gegeben, was dich auf die Seiten deines Wesens aufmerksam gemacht hätte, die jenseits von Form und Erklärung liegen. Vielleicht hat man dir erzählt, daß du eine Seele oder einen Geist hast, und so auf dein inneres Wesen hingewiesen. Dein Wesen, deine Seele oder dein Geist sind von derselben Natur wie das Göttliche, und deshalb sagt die traditionelle Religion, deine Seele gehöre zu Gott. Das ist eine Beschreibungsweise der Wahrheit, daß dein Wesen göttlicher Natur ist. Auf andere Weise könnte man diese Wahrheit so ausdrücken, daß bestimmte Aspekte deines Wesens mit dem Kollektiven verbunden sind, den transpersonalen Bereichen des Bewußtseins, die über die individuelle Form hinausgehen. Diese überpersönlichen Reiche befinden sich auch jenseits der ich-bezogenen, persönlichen Bewußtseinsebenen. Es stimmt, daß du in deinem Wesen Aspekte des Transpersonalen hast, und durch deine eigenen überpersönlichen Aspekte hast du Zugang zu Bewußtseinsbereichen, die mit dem Kollektiven oder dem Göttlichen verbunden sind. Es stehen dir viele Reiche des Bewußtseins offen.

Viele Lehren in eurer Geschichte haben Techniken entwickelt, durch die der einzelne die ich-bezogene Persönlichkeit transzendieren und sein Einssein mit den überpersönlichen Bewußtseinswelten erfahren kann. Meditation und Gebet waren immer ein solcher Weg. Deshalb können Menschen durch das Gebet erhoben werden und durch Meditation Transzendenz erleben. Channeln ist eine weitere solche Technik.

* * * *

In allen Epochen der menschlichen Geschichte wurde auf die eine oder andere Weise „gechannelt“, um Verbindung zu den transpersonalen Bewußtseinsebenen aufzunehmen und um den Menschen von dort Information und Führung zu bringen. Es ist eine uralte Form der Verbindung mit allem, was jenseits der Verkörperung in physischer Form liegt. Das neuerliche Interesse am Channeln auf der Erde rührt daher, daß euer Planet und alles mit ihm verbundene Bewußtsein sich dem Transpersonalen zu öffnen beginnt. In ihrem Bestreben, ihr eigenes Wesen zu entdecken, beginnt die Menschheit, über die Form hinaus zu reichen. Das gehört zu dem Bewußtseinswandel, der jetzt auf eurem Planeten stattfindet.

In allen physischen Bereichen sind große Entdeckungen gemacht worden. Das Meer ist kein unbezwingbares Geheimnis mehr. Die Räume außerhalb der Erde sind von eurer wissenschaftlichen Technik durchdrungen worden. Auf dem Land sind alle Grenzen besiegt. Die einzige Grenze bleibt die zu den inneren Bereichen der menschlichen Psyche. Hier wird auf vielfältige Weise geforscht, und viele der sogenannten New Age-Techniken zielen darauf ab, diese Bereiche zu entdecken. Du bist schon dabei, die unermeßliche Weite dieser inneren Räume zu erfahren. Um deine wahre Identität zu entdecken, mußt du in diese inneren Reiche hineingehen. Dein physisches Leben ist kein Geheimnis für dich. Viele von euch sind sich der psychologischen Strukturen bewußt, die hinter ihrer Persönlichkeit und ihrem Verhalten stehen. Das ist gut so. Wenn ihr anfangt, euch selbst zu entdecken, müßt ihr zuerst euren eigenen psychologischen Aufbau verstehen. Ihr findet heutzutage in eurer Gesellschaft dafür viel

Unterstützung. Es ist gut, wenn ihr eure eigenen psychologischen Grundstrukturen versteht. Ihr erkennt dadurch allmählich, daß ihr mehr seid, als ihr ursprünglich dachtet.

Wenn du jedoch einmal angefangen hast, diese psychologischen Strukturen zu verstehen und zu akzeptieren, kannst du allmählich die Seiten deines Wesens erforschen, die jenseits deiner Persönlichkeit liegen. Wenn du einmal erkannt hast, daß deine Persönlichkeit eine Struktur mit vorhersagbaren Reaktionsmustern ist, kannst du dich den anderen Aspekten deines Selbst zuwenden, die wenig mit deiner Persönlichkeit zu tun haben. Durch die Beobachtung deiner persönlichen Muster siehst du, wie deine Persönlichkeit aufgebaut ist, und das hilft dir, ihre mechanische Natur zu erkennen. Es ist nicht deine Persönlichkeit, die dich zu einem einzigartigen Wesen macht. Deine Persönlichkeit ist nur eine Ebene deines Wesens. Du bist viel, viel mehr als die Persönlichkeit, die sich ganz mechanisch aus deinem psychologischen Hintergrund entwickelt hat. Deine Beobachtungen werden dich schließlich in die transpersonalen Bereiche führen, und da beginnt die spirituelle Reise. Es braucht viel Mut, diese Bewußtseinsbereiche zu erforschen, die in deinem Inneren liegen, denn es gibt sehr wenig äußere Bestätigung für das, was du im Inneren erlebst.

* * * *

Du hast deine innere Reise schon begonnen. Vielleicht hast du schon viel Erfahrung mit deinem eigenen Inneren, hast es durch Meditation und geführte Phantasiereisen ausführlich erkundet. Vielleicht beginnst du auch gerade erst damit. In beiden Fällen möchten wir dich ermutigen, damit fortzufahren. Ein großer Teil deines Wesens liegt unter der Oberfläche deiner eigenen Wahrnehmung. Du kennst das psychologische Konzept des Unbewußten, du weißt, daß ein großer Teil deiner Psyche der bewußten Betrachtung nicht zugänglich ist. Das ist das psychologische Unbewußte, und es gibt Techniken wie zum Beispiel die Traumanalyse, diese Bereiche zu erforschen.

Durch die Traumanalyse kannst du sehr viel über die Ganzheit deines Wesens erfahren. Es lohnt sich, die tieferen Strömungen deiner eigenen Psyche kennenzulernen. Sie werden durch Kräfte beeinflußt, die jenseits der jetzigen Bewußtseinsgrenzen deines menschlichen Geistes liegen. Diese unbewußten Strömungen werden nicht nur durch deine eigenen psychologischen Strukturen beeinflußt, sondern auch durch das Kollektive, das alle Lebensformen speist. Das Kollektive hat genau wie das Individuum eine bewußte und eine unbewußte Ebene.

Der bewußte Teil des Kollektiven sind vielleicht die kulturellen Werte, die Moralvorstellungen und die allgemeinen Interpretationen der Wirklichkeit, die jede Gesellschaft erschafft. Selbst wenn du in deiner Gesellschaft oder deiner Kultur ein Einzelgänger bist, beeinflußt das kollektive Unbewußte dieser Gesellschaft und Kultur, in der du lebst und in der du aufgewachsen bist, deine psychologischen Interpretationen der Realität. Ob du nun gegen das kollektive Bewußtsein deiner Gesellschaft rebellierst oder mit ihm übereinstimmst, du bist in beiden Fällen davon beeinflußt. Das Kollektive bestimmt entweder, was du bist oder was du nicht bist. Wenn du in einer primitiven Gesellschaft aufgewachsen wärst, würdest du ganz anders durch das Kollektive beeinflußt als in einer sogenannten modernen oder zivilisierten Gesellschaft. Diese ursprüngliche Prägung läßt sich nicht ändern. Das Beste, was jeder Mensch tun kann, ist, die Grenzen des kollektiven Bewußtseins einer bestimmten Kultur zu überschreiten und das kollektive Bewußtsein anderer Gesellschaften und Kulturen einzubeziehen. Dies ist dem einzelnen und auch dem Kollektiven möglich.

Das kollektive Bewußtsein irgendeiner religiösen oder politischen Gruppe kann sich erweitern und das kollektive Bewußtsein anderer solcher Gruppen miteinbeziehen. Es reift dadurch, so wie ein heranwachsendes Kind einen weiteren Blickwinkel auf seine Gesellschaft entwickelt. Zwischen der Entwicklung eines Individuums und der einer Gesellschaft besteht kein grundlegender Unterschied. Was dem Mikrokosmos möglich ist, kann auch der Makrokosmos.

Genauso, wie du als einzelner durch das kollektive Bewußtsein deiner Gesellschaft oder Kultur beeinflußt bist, stehst du auch unter dem Einfluß ihres kollektiven Unbewußten. Du merkst das nicht so leicht, weil das Unbewußte per definitionem eben nicht bewußt ist. Der bewußte Verstand kann jedoch das Unbewußte aufzeigen. Zum Beispiel herrscht in Amerika die bewußte kollektive Überzeugung, daß die kapitalistische, demokratische Grundlage der Nation auf persönlicher Freiheit beruhe, und darunter liegt die weniger öffentlich bekundete Überzeugung, daß Amerika als politische Form im Recht ist. Im kollektiven Unbewußten der deutschen Nation liegt ein Schuldbewußtsein hinsichtlich der Greuel des Dritten Reiches. Unter der bewußten Neutralität der Schweiz verbirgt sich der weniger bewußte Wunsch, sich auf keinen festen Standpunkt einlassen zu müssen, und so wird eine Insel scheinbarer Sicherheit geschaffen. Unter der scheinbaren Schlichtheit des österreichischen Kollektiven sitzt ein Geist der Depression. Das Unbewußte ist aber nicht nur das, was man als negativ betrachten könnte. In Amerika besteht ein unbewußter Glauben an die Göttlichkeit des menschlichen Geistes, der in den demokratischen Glaubenssätzen des kollektiven Bewußtseins zum Ausdruck kommt. Im kollektiven Unbewußten der Deutschen liegt der Glaube an die Möglichkeit des Menschen, aus eigener Kraft seine eigene Wirklichkeit zu erschaffen. Im Unbewußten des Schweizer Kollektivs existiert das Vertrauen in die unendliche Weisheit des Universums. Im Unbewußten des österreichischen Kollektivs liegt eine große Sehnsucht nach der Integrität und dem Mitgefühl in jeder menschlichen Seele. Jedes nationale Kollektive hat eine bewußte und eine unbewußte Seite, die alle beeinflußt und durchdringt, die Teil des Kollektivs sind, ganz gleich, ob sie diesen Einfluß spüren oder nicht.

* * * *

Genauso wie ein Individuum und eine Gesellschaft eine bewußte und eine unbewußte Seite haben, so hat es auch die Erde. Das ist für dich vielleicht nicht leicht zu verstehen, aber vergiß nicht, daß sie als ein Wesen mit dem universellen Bewußten und Unbewußten allen Lebens verbunden ist.

Die Erde ist eine Manifestation des Geistes oder des Bewußtseins in Form so wie du. Vielleicht ist es für dich schwer zu erkennen, daß sie wie du so etwas wie Gefühle hat, eine Art Gedanken und Vorlieben. Es ist jedoch im wesentlichen so. Du kannst dich mit ihr von Wesen zu Wesen verständigen, weil sich ihr Bewußtsein mit dem deinen verbinden kann. Wie wir schon gesagt haben, ist es sehr hilfreich, wenn du deinen Planeten als ein Wesen betrachtest. Als Wesen hat auch er eine bewußte und eine unbewußte Wahrnehmung. Er ist sich seiner Verbundenheit mit den Kräften des Universums jedoch bewußter als du.

* * * *

Eure Erde ist eines der Wesen in der Gemeinschaft der Planeten. Sie ist mit dem kollektiven Bewußten und Unbewußten, das alle Himmelskörper gemeinsam haben, verbunden. Was mit ihr geschieht, beeinflußt auch das Kollektiv, dessen Teil sie ist, genauso wie du als einzelner das gesamte menschliche Kollektiv beeinflußt.

Deshalb sind sich die Wesen auf anderen Planeten, die ihre Fähigkeit entwickelt haben, sich auf ihren Planeten einzustimmen und mit ihm zu kommunizieren, der Schwierigkeit bewußt, der die Erde jetzt gegenübersteht und die durch den Raubbau, den der Mensch an ihren Rohstoffen betreibt, noch verschlimmert wird. Die Wesen anderer Planeten sorgen sich auch darum, wie die Erde ihre eigenen Planeten beeinflussen wird.

* * * *

Die Menschen haben viel darüber gerätselt, ob es intelligente Lebensformen auch auf anderen Planeten gibt. Es stimmt, daß ihr nicht die einzige und nicht die entwickeltste Form intelligenten Lebens in eurem Sonnensystem oder eurer Galaxie seid. Viele von euch haben verschiedene Fahrzeuge von anderen Planeten und aus anders dimensionalen Schwingungsbereichen gesehen oder gehört. Denen unter euch, die am Bewußtseinswandel eurer Erde mitwirken, ist dies ein Hinweis auf das größere Bild dessen, was auf der Erde geschieht. Ihr seid nicht isoliert bei eurer Arbeit auf der Erde.

Ihr habt in vielen Dimensionen viele, viele Partner, die in dieser Phase der Entwicklung mit dem Wesen arbeiten, das ihr Erde nennt, und nicht alle befinden sich in einem Körper.

Wir stellen Aspekte des kollektiven Bewußtseins dar, die in keiner der Dimensionen in einer physischen Form verkörpert sind. Viele Wesen existieren in einer physischen Form, die viel weniger dicht ist als die, die du während deines jetzigen Aufenthaltes auf der Erde bewohnst. Viele von euch haben auch in diesen weniger dichten Bereichen gelebt, die nichtsdestoweniger Körperlichkeit haben. Vielleicht ist es deshalb schwierig für dich, in einer so dichten Form wie dem menschlichen Körper eingezwängt zu sein. Du darfst nicht vergessen, daß du selbst gewählt hast, an dem Bewußtseinswandel mitzuarbeiten, der jetzt auf der Erde stattfindet. Es war deine Wahl, dich während dieser Zeit in einem menschlichen Körper auf der Erde zu inkarnieren.

Viele von euch sind wie die Mitglieder einer geheimen Untergrundbewegung. Ihr arbeitet für das Erwachen des Bewußtseins in euren schlummernden Brüdern und Schwestern auf der Erde. Oft erkennst du andere Mitglieder deines Teams, wenn du ihnen begegnest. Das ist es, was dich von einer Wachstumserfahrung in die nächste zieht. Viele Mitglieder dieses Teams sind sich der Rolle noch nicht bewußt, die sie spielen und spielen werden, wenn die Erde sich weiter entwickelt. Manchmal bist du vielleicht frustriert, von einem Menschen nicht erkannt zu werden, von dem du weißt, daß er zu deinem Team gehört. Laß dich dadurch nicht in deinem Enthusiasmus für die Aufgabe, die du gewählt hast, dämpfen. Deine Teammitglieder werden sich mit der Zeit daran erinnern, warum sie zu dieser Zeit auf der Erde sind. Sie werden dahin geführt. Es kann deine Aufgabe sein, andere an ihre Rolle als Lichtarbeiter — so nennen wir die Wesen, die in anderen das Bewußtsein dafür wecken, wer sie in Wahrheit sind — zu erinnern. Mit der Zeit müssen alle Wesen erwachen, wenn die Erde in das nächste Stadium ihrer eigenen Entwicklung übergehen soll.

* * * *

Du bist mit deiner Sorge um den Planeten nicht allein. Viele, viele andere teilen diese Sorge. Ihr alle bildet eine riesige Hilfsmannschaft für das Wesen, das euer Planet ist.

Viele unter euch sind sich der Gefahr, die die Umweltprobleme für das menschliche Leben und die menschliche Entwicklung stellen, nicht bewußt. Nicht alle diese Menschen denken nur an sich. Viele sind einfach unwissend. Du kannst vieles tun, um andere auf die sehr reale Bedrohung des menschlichen Lebens, der menschlichen Gesellschaft und Kultur aufmerksam zu machen, die durch die Gefährdung des ökologischen Gleichgewichts eures Planeten da ist. Diese Gefahren dürfen nicht übersehen werden. Wenn ihr sie nicht beachtet, werden sie sehr schnell

Ausmaße annehmen, die der Mensch nicht mehr rückgängig machen kann.

Es gibt jedoch auch Menschen, die, obwohl sie sich der Gefahren bewußt sind, die schlechte Planung und selbstsüchtige Gier in der Ökologie der Erde hervorgerufen haben, noch immer ausschließlich an ihren eigenen Wünschen und Machtbefugnissen interessiert sind. Sie sind bereit, nichtmenschliche Lebensformen dem womöglich nur finanziellen Nutzen ihrer speziellen menschlichen Gesellschaft zu opfern. In diesen Menschen hat das Übel einen Halt gefunden. Wir erinnern euch daran, daß Übel (engl. „evil“) spiegelverkehrt zu Leben (engl. = „live“, Anm. d. Übs.) buchstabiert wird. Es ist die Umkehrung des Lebens. Wenn Menschen bereit sind, ganze Gattungen nichtmenschlichen Lebens für den materiellen Vorteil der Menschen zu opfern, ist das eine Umkehrung der Natur. Ein Kind oder einen Menschen zum Beispiel vor einer giftigen Schlange oder einem wilden Tiger zu schützen, gehört zum Überlebensmechanismus, den jede Gattung hat. Ganze Gattungen von Pflanzen und Tieren aus reiner Geldgier auszurotten, ist in der Tat böse. Solchen Menschen muß durch die Gesetzgebung und Einhaltung bereits existierender Umweltschutzregeln Einhalt geboten werden.

Diese Arbeit auf der Erde muß von den Menschen getan werden. Alle eure Verbündeten in den nicht physischen Bereichen und auch die auf anderen Planeten können auf die Gesellschaft nicht so einwirken, wie du es als Mensch kannst. Deshalb rufen wir dich auf, dich für die Rettung des ökologischen Gleichgewichts eures Planeten einzusetzen. Es ist absolut unerläßlich, daß sich jetzt etwas ändert.

Wir verstehen, wie schwer es für dich ist zu wissen, wo du anfangen sollst. Wir haben schon einige Vorschläge gemacht und empfehlen dir, dich einfach über die Umweltprobleme zu informieren, die du beeinflussen kannst. Vielleicht gibt es lokale Fragen, auf die du Einfluß nehmen kannst, vielleicht kannst du auch durch deine Arbeit oder durch persönliche Investitionen etwas bewirken. Es gibt Gruppen, denen du beitreten kannst. Jeder von euch wird einen Weg finden, der seinen speziellen Fähigkeiten und Umständen entspricht. Wir vertrauen darauf, daß du einen passenden Weg finden wirst, um dich konzentriert an die Arbeit zu machen. Deine Hilfe wird gebraucht. In diesem Kampf ist niemand überflüssig. Wir erinnern dich noch einmal daran, daß jede Handlung, die von der Absicht getragen ist, den Planeten zu heilen, das kollektive Bewußtsein berührt und den Ausschlag über das Wohl oder Wehe des Planeten geben kann.

Wir müssen jetzt über Dinge sprechen, die schwer in eure Sprache zu übersetzen sind. Es gibt Energieformen auf der Erde, die dem Bewußtseinswandel, in dem sie gerade begriffen ist, nicht förderlich sind. Man kann sie als astrale Energien bezeichnen. Es sind Energieformen verstorbener Menschen, die ihren physischen Körper verlassen haben, aber noch ihrem persönlichen Leben in diesem Körper verhaftet sind.

Diese astralen Energien sind in der Aura eurer Erde gefangen. In manchen Gegenden sind sie dichter als in anderen. Es ist jedoch wichtig, daß diese Energien aus der Aura des Planeten entlassen werden, wo immer man sie findet. Diese astralen Energien werden auch als verlorene Seelen bezeichnet. Es sind Energiekörper, die tatsächlich verloren sind. Sie sind der körperlichen Seite der Existenz verhaftet und hängen sogar an den Menschen, die sie lieben. Du kannst viel tun, um diese Energien aus der Aura deines Planeten zu befreien.

Als erstes kannst du dir anschauen, ob du selbst an jemandem hängst. Vielleicht gibt es in deinem eigenen Leben Verstorbene, die du persönlich nicht losgelassen hast. Wenn es jemanden gibt, an den du noch nach seinem Tode hängst, dann solltest du dich von dieser Bindung lösen. Nimm in aller Stille Kontakt zur Energie dieses Menschen auf und erinnere ihn daran, daß er eine Seele ist, die sich auf der Reise durch viele Leben befindet. Mache ihm klar, daß er sich von der vergangenen Inkarnation lösen muß und auch von den Menschen, die er in diesem Leben geliebt hat. Ermutige ihn dazu, dich loszulassen. Vergiß nicht, daß dir alles Gute, was du aus dieser Beziehung erhalten hast, immer bleiben wird. Eure Beziehung und eure Liebe bleiben bestehen. Die Energie muß jedoch frei werden und sich weiter entwickeln können. Es ist nicht gut, diese Energie durch deine Verbundenheit mit der Persönlichkeit, die die Energie einst manifestiert hat, in der Aura des Planeten festzuhalten. Du kannst deine Lieben frei lassen, so daß sie ihre eigene Entwicklung fortsetzen können. Das ist ein Geschenk an das Wesen, das hinter der Persönlichkeit steht. Es ist auch ein Geschenk an eure Erde. Die Erde braucht Leere und Klarheit in ihrem eigenen Energiekörper, um sich verändern zu können. Letztendlich ist es auch ein Geschenk an dich. Wenn du dich von lieben Verstorbenen löst, kannst du mehr im „Jetzt" deines Lebens sein. Das hilft dir, und es ist der einzige Weg zur Freude.

* * * *

Du kannst noch auf andere Weisen mithelfen, die astralen Energien aus der Aura der Erde zu befreien. Zum Beispiel kannst du in der Meditation mit diesen Energien Kontakt aufnehmen. Du kannst sie bitten, ins Licht, ins Kollektive oder zur Quelle aller Energien zurückzukehren. Wir meinen damit nicht, daß du ihnen in irgendeiner Weise deinen eigenen Energiekörper öffnen sollst, sondern nur, daß du sie telepathisch bittest, sich von ihrer vorigen Inkarnation und deren Geschichte zu lösen und willig zur Quelle zurückzukehren, um ihre Evolution fortsetzen zu können. Sie wissen nicht mehr, daß sie ein Wesen jenseits jeder Geschichte auf der Bühne des menschlichen Lebens sind. Es geht ihnen ähnlich wie dir, wenn du dich in deiner speziellen Geschichte verstrickt hast. Sie haben vergessen, daß sie während ihres Erdenaufenthaltes viele menschliche Erfahrungen durchlaufen. Sie hängen an ihren Lieben fest, an ihrer Rache, an dem Recht und dem Unrecht, das der Persönlichkeit ihrer letzten Inkarnation widerfuhr, und haben darüber die Reise vergessen. Du kannst sie telepathisch daran erinnern und sie ermutigen, ihre Bindungen loszulassen und weiter zu reisen.

Du kannst an vielen Orten mit diesen Energien Kontakt aufnehmen. Ein Krankenhaus, ein Friedhof, ein altes Haus, eine Kirche, selbst Orte der Öffentlichkeit wie ein Theater oder eine Konzerthalle, sind typische Plätze, wo diese astralen Energien anzutreffen sind. Du bist es viellicht gewohnt, diese Energien „Geister" zu nennen. Diese Bezeichnung ist mit vielen volkstümlichen Geschichten und falschen Vorstellungen verbunden, und wir benutzen sie deshalb nicht. Uns ist klar, daß sie sich dir vielleicht eingeprägt hat, aber wir möchten dir nahelegen, diesen Begriff und auch deine damit verbundenen Vorstellungen loszulassen. Astrale Energien sollten dir leid tun. Sie klammern sich an eine Rolle, die sie gespielt haben, und vergessen, daß sie Schauspieler auf einer Bühne waren. Sie haben sich mit einer Rolle identifiziert und sich selbst vergessen. Man muß es ihnen sagen, und du kannst ihnen diesen Dienst erweisen. Du kannst sie bitten, zum Licht und zu der Quelle zurückzukehren, aus der sie gekommen sind. Damit hilfst du deinem Planeten in dieser Zeit des Wandels.

* * * *

Viele von euch haben schon in anderen Leben astrale Energien befreit. Ihr habt euren Brüdern und Schwestern geholfen, die dabei waren, ihre menschliche Form zu verlassen, und auch den astralen Energien, von denen wir gerade sprachen. Ihr habt mit diesen astralen Energien auch gearbeitet, während ihr euch in einem anderen Teil eures Bewußtseins befandet, der im allgemeinen eurem bewußten Verstand nicht bekannt ist. Wir meinen damit eure Arbeit während des Schlafes in einem außerkörperlichen Zustand. Diese Arbeit ist äußerst wichtig, und viele von euch beteiligen sich daran, wenn ihr Körper schläft. Im allgemeinen könnt ihr euch jedoch an diese wichtige nächtliche Tätigkeit nicht erinnern.

Viele von euch haben auch in diesen astralen Reichen gearbeitet, als sie nicht in einer menschlichen Form waren, zum Beispiel zwischen euren menschlichen Inkarnationen. Da ihr euch im allgemeinen an die Geschichte eurer

Seele durch all ihre physischen oder nicht-physischen Manifestationen hindurch nicht erinnern könnt, kommt es dir vielleicht seltsam vor, daß du schon so lange an dem Bewußtseinswandel der Menschheit mitarbeiten sollst. Eine Aufgabe, die du dir vorgenommen hast, endet jedoch nicht mit dem Tod des physischen Körpers. Sie bleibt bei deinem Wesen, ob du nun in einem Körper bist oder nicht. Viele von euch haben die Wesen geführt, die in astralen Bereichen jenseits des Todes gefangen sind, als sie auch außerhalb des physischen Körpers waren. Ein Aspekt eures Bewußtseins ist immer wach und immer mit der Aufgabe verbunden, die sich euer Wesen im Dienste an der menschlichen Evolution gestellt hat. Wir wissen, daß deine Persönlichkeitsebenen das vielleicht schwer akzeptieren können, aber es ist wahr.

Viele von euch haben sich in bestimmten menschlichen Inkarnationen sehr anstrengende Rollen ausgesucht, die für eure persönlichen Ebenen vielleicht sehr schmerzhaft waren. Und doch hast du dich selbst entschieden, der Evolution zu dienen und eine Rolle in der Entwicklung des Bewußtseins auf der Erde zu übernehmen, die für dich persönlich vielleicht schwierig war. Wir wissen diesen Dienst sehr zu schätzen. Wir sind uns auch des Karmas bewußt, das du durch diese anstrengende Inkarnation freiwillig auf dich genommen hast. Die karmische Ebene des natürlichen Ausgleichs hat sich auf viele von euch ausgewirkt. Wir meinen jedoch, daß euer Karma sich jetzt vollendet. Ihr habt schon in eurer jetzigen Inkarnation viel Karma ausagiert. Wir möchten euch auch darüber informieren, daß ihr die Bewußtseinsebene, auf der Karma geschieht, transzendieren könnt, und zwar jetzt gleich.

* * * *

Du weißt, daß du schon viele Leben auf der Erde verbracht hast. Du hast dir Karma zugezogen. Karma wirkt als natürliches Gesetz auf vielen Ebenen des Bewußtseins, die damit zu tun haben, Realität für die menschliche Erfahrung zu erschaffen. Die Bewußtseinsebene, auf der Karma sich auswirkt, braucht jedoch in diesem Leben nicht über deine Erfahrung zu bestimmen. Durch Karma versucht ein Wesen, sein ursprüngliches Gefühl der Integrität wiederherzustellen. Wenn es dir zum Beispiel so erscheint, als hättest du durch dein Handeln einem anderen Wesen Schaden zugefügt, dann wirst du als ein Wesen von natürlicher Integrität versuchen, deine Tat auszugleichen, indem du dir von anderen eine ähnliche Reaktion zuziehst. In deinem Versuch, das Gleichgewicht wiederherzustellen, wirst du die gleiche Ungerechtigkeit erleiden, die du begangen hast. Wenn du es für nötig hältst, wirst du selbst auf Glück, Gesundheit, Selbstausdruck, Reichtum und andere Vorzüge des menschlichen Lebens verzichten, um vergangene Handlungen auszugleichen.

Unserer Ansicht nach ist jedoch der Bewußtseinsbereich, in dem Karma wirkt, nicht die höchste Realität oder die höchste Wahrheit. Es gibt Bewußtseinsebenen, auf denen man sich vollkommen klar darüber wird, daß jede Handlung notwendig und nützlich war. Damit sehen wir nicht über die Ungerechtigkeit oder den Schaden hinweg, den du anderen oder dir selbst zugefügt hast. Wir sagen zwar, daß du in deinem eigenen inneren Wesen einen Bewußtseinszustand erreichen kannst, wo du erkennst, daß jede deiner Handlungen immer vollkommen gewesen ist. Du kannst erkennen, daß Schuld oder Strafe nicht nötig sind und daß es nichts wiedergutzumachen gibt.

Du kannst dich aus dem Bedürfnis entlassen, dein Karma zu vollstrecken. Viele eurer Meister und entwickelten Lehrer haben die Nutzlosigkeit von Karma erkannt. Wenn du dir selbst Schaden zufügst, um zurückzuzahlen, was du meinst, verbrochen zu haben, ist das das gleiche, wie wenn du einem anderen Schaden zufügst. Jedes Vergelten gründet auf der Illusion, daß es im Universum Unvollkommenheit gäbe. Das ist nicht so. Alles, was jemals geschehen ist, ist vollkommen. Du bauchst nicht zu versuchen, die Wirklichkeit zu korrigieren, indem du dich selbst bestrafst oder begrenzt. Das ist eine Umkehr des Lebens und zeugt nur von Mangel an Vertrauen und Glauben an die vollkommene Ordnung auf allen Ebenen der Wirklichkeit. Für dich ist es Zeit, über die Bewußtseinsebenen hinauszugehen, auf denen Karma existiert. Alles ist so und ist immer so gewesen, wie es sein sollte. Deine Handlungen sind ein Ausdruck der Vollkommenheit des Universums, ob du sie nun positiv oder negativ bewertest. Du brauchst keinen Schmerz, um deine Waagschale ins Gleichgewicht zu bringen. Alles ist gut.

* * * *

Du hast als Mensch viele, viele Erfahrungen gemacht, die für die Entwicklung deines Bewußtseins notwendig waren. In seinem höchsten Aspekt hat dein Wesen jede deiner Erfahrungen ausgewählt. Alle Erfahrungen, ob du sie nun als positiv oder negativ betrachtest, waren Teil der Entwicklung, durch die dein Wesen dich geführt hat. Jetzt ist es Zeit für dich, über die Ebene des Geschehens dieses oder irgendeines anderen Lebens hinauszugehen. Du kannst eine Ebene deines Bewußtseins erreichen, die sich jetzt und schon immer dessen bewußt war, daß deine Seele sich durch die Zeit bewegt, um sich weiterzuentwickeln. Du kannst die Ereignisse in diesem und anderen Leben von einem objektiven Blickwinkel aus betrachten. Du kannst erkennen, wie du mit jedem Ereignis wacher und bewußter geworden bist.

Euer menschlicher Geist bewertet Ereignisse als positiv oder negativ. Das ist jedoch lediglich eine verstandesmäßige Beurteilung, und dein Verstand ist ganz offensichtlich durch das kollektive Bewußte und Unbewußte deiner Kultur konditioniert oder programmiert. Zum Beispiel kann eine Handlungsweise, die in einer Kultur lobenswert ist, in einer anderen verachtet werden. Wenn du einmal ein Leben als Jäger in einer afrikanischen Stammesgesellschaft verbracht hast, dann warst du dort möglicherweise ein großer Held, wenn du einen Elefanten oder einen Tiger getötet hast. Du gewannst dadurch in deinen Augen und in den Augen deiner Gefährten an Ansehen. Wenn du jedoch in deinem jetzigen Leben einen Elefanten oder Tiger töten würdest, würde dies von deinen Gefährten nicht gebilligt. Dein jetziges Bewußtsein bewertete solch eine Handlung negativ. Es mag vielleicht Situationen geben, in denen ein menschliches Leben bedroht ist und wo es deshalb begrüßt wird, wenn man ein wildes Tier tötet. Bei dem Umweltbewußtsein des späten 20. Jahrhunderts ist es jedoch zweifelhaft, ob dein eigener Selbstwert dadurch steigen würde. Dies ist nur ein kleines Beispiel von der Art, wie das Kollektiv oder die Kultur dein Urteil über eine deiner Handlungen beeinflussen kann. Es ist dein Urteil, das Karma erschafft. Dein Urteil schätzt Handlungen als gut oder schlecht ein. Eine sogenannte schlechte Handlung ist eine, die *du* als schlecht bezeichnest, und dein Urteil gründet eher auf kulturellen Faktoren und persönlichen Vorlieben als auf kosmischen Gesetzen.

Mit jeder Handlung, die du als schlecht bezeichnest, ziehst du Karma an. Du brauchst deine Handlungen jedoch nicht zu bewerten. Du brauchst nur so zu handeln, wie es dir deine eigene Integrität gebietet. Du kannst deine Urteile über vergangene Handlungen loslassen. Du kannst dein Karma loslassen und brauchst es nicht zu vollziehen. Du brauchst dich nur in den Aspekt deines Bewußtseins zu begeben, der weiß, daß alles Karma eine Schöpfung des menschlichen Verstandes ist. Karma ist nicht notwendig. Du brauchst nur deinem Herzen zu folgen, und alles wird gut sein.

* * * *

Du warst viele Leben lang in die Bewußtseinsebene verstrickt, auf der Karma existiert. Ein Aspekt deines Bewußtseins war jedoch immer jenseits dieser Ebene, und dieser Aspekt, der das Muster all deiner Leben und die Entwicklung deiner Seele kennt, ist dir jetzt zugänglich. Du brauchst dich nur der Möglichkeit zu öffnen, daß Karma transzendiert werden kann. Du brauchst nur zu akzeptieren, daß alle vergangenen Handlungen für die Entwicklung, die deine Seele gesucht hat, vollkommen waren. Wenn du es gedanklich erst einmal für möglich hältst, daß man Karma nicht ausagieren muß, kannst du damit anfangen, die Bewußtseinsebene zu erforschen, auf der Karma nicht mehr wirksam ist.

Nimm dir am Ende dieses Abschnitts etwas Zeit für eigene innere Entdeckungen. Laß dich an einem angenehmen Ort nieder, wo du nicht gestört wirst, und öffne dich dann den folgenden Vorschlägen. Schau dir ein traumatisches Ereignis aus diesem Leben an. Es kann vor kurzem oder auch in deiner Kindheit geschehen sein. Öffne dich den Gefühlen dieses Erlebnisses. Erlaube deinem Körper zu spüren, wie schlimm es war. Frage dich dann, was dieses spezielle Erlebnis dir Gutes gebracht hat. Hast du durch dieses Erlebnis an Kraft, Einsicht, Sensibilität oder Tiefe gewonnen? Alles, was geschieht, enthält ein Geschenk für dich. Vielleicht ist dir durch deine Erfahrung viele Male eine bestimmte Lernaufgabe angeboten worden. Wenn du sie nicht verstanden hast, hast du dir eventuell immer wieder das gleiche traumatische Muster erschaffen, um dir Gelegenheit zu geben, diese Lektion zu integrieren. Nimm dir Zeit, über die Ereignisse in deinem Leben nachzudenken, die du negativ beurteilst, und schau dir dann an, wie genau diese Erlebnisse zu deiner Entwicklung beigetragen haben. Wir nehmen nicht an, daß sie unbedingt deinen Vorlieben entsprachen, und vielleicht denkst du, all diese Ereignisse seien nicht notwendig gewesen. Die Gedanken deines Verstandes sind jedoch nicht die höchste Wahrheit. Du wirst erkennen, was diese traumatischen Ereignisse dir gegeben haben, wenn du bereit bist, die Seite deines Bewußtseins zu öffnen, die nicht dem Urteil deines menschlichen Verstandes verhaftet ist. Vielleicht möchtest du jetzt darüber nachdenken.

Jedes Ereignis in deinem Leben hat dir etwas ganz Besonderes geschenkt, sogar die „negativen" Ereignisse. Es hilft auch, sich daran zu erinnern, daß jedes Leben dann endet, wenn die Lernaufgabe oder Absicht dieses Lebens erfüllt war. Vielleicht hast du in diesem Leben alles Notwendige gelernt und hast dann Umstände erschaffen, die es dir erlauben, dieses physische Leben zu beenden. Deshalb ist ein Tod, und selbst ein früher oder gewaltsamer Tod, nicht notwendigerweise negativ zu sehen. Wenn du zum Beispiel als Hexe oder als Ketzer auf dem Scheiterhaufen verbrannt wurdest, so bedeutet das nicht notwendigerweise, daß du das Opfer der anderen warst. Das Geschehen enthält Elemente, die es so erscheinen lassen, als seist du das Opfer von Ungerechtigkeiten gewesen. Du hast jedoch in jedem Leben alle Umstände selbst erschaffen, um der Entwicklung deiner Seele zu dienen. Es gibt viele Wege, zu lernen und sich zu entwickeln. Fixiere dich nicht auf das, was geschehen ist. Schau, was es dir gebracht hat. Das ist der erste Schritt, um Karma zu überwinden. Wenn du aufhörst, ein Ereignis als richtig oder falsch, gut oder böse zu beurteilen, öffnest du dich für die Weisheit.

* * * *

Letztendlich erschaffst du deine Wirklichkeit selbst. Dein Verstand ist nicht der höchste Aspekt deines Wesens. Er ist im Vergleich zur Gesamtheit deines Wesens recht begrenzt. Er ist nur eine Facette dessen, was du bist. Dein Höheres Selbst, das heißt, die Aspekte deines persönlichen Bewußtseins, die mit Bewußtseinsebenen jenseits des Anscheins der physischen Realität verbunden sind, sind letztendlich das, was dein Leben erschafft.

Wenn du die Geschenke betrachtest, das, was du aus deinen Erfahrungen gelernt hast, wirst du sehen, daß alles gut für dich war. Das gilt für dein jetziges Leben und für alle früheren Lebenserfahrungen. Deshalb ist Karma nicht nötig. Karma gründet sich auf den Glauben, daß es Fehler gäbe, und die gibt es letztendlich nicht. Alle Erfahrungen tragen zur Entwicklung deiner Seele bei.

* * * *

Karma ist nicht das einzige Naturgesetz, das sich auf die Erschaffung deiner Wirklichkeit auswirkt. Es gibt im Universum viele, viele Kräfte, die auch dein Bewußtsein beeinflussen. Wie schon erwähnt, befinden du und dein Planet sich in einem Wandel von einer Bewußtseins- oder Schwingungsebene auf eine andere. Die Energie, die zur Veränderung drängt, wirkt auf deinen eigenen Energiekörper, das heißt, sie hat einen Einfluß darauf, wie du deine Realität siehst. Diese Kraft wird immer stärker, je mehr Menschen sich der Möglichkeit öffnen, daß die physische Wirklichkeit nicht die letzte Wahrheit ist, je mehr Menschen wie du es für möglich halten, daß man mehr erfahren kann, als das, was man anfassen, sehen oder mit den physischen Ohren hören kann.

Du kannst durch deine Arbeit an der Erweiterung deines Bewußtseins deine eigene Energie zu dieser transformierenden Kraft beisteuern. Durch deine Offenheit kannst du in Bewußtseinsbereiche gelangen und Erfahrungen machen, die über die normalen menschlichen

Bewußtseinsebenen hinausreichen. Damit erschließt du auch für andere die Möglichkeit, sich von der transformatorischen Kraft, der du dich geöffnet hast, berühren zu lassen.

Die Erde ist in diesem Wandel. Zu der transformierenden Kraft kommt die Kraft des Prozesses der Erde selbst hinzu. Sie verändert ihre Schwingung, und dies bewirkt eine große Veränderung in der Energie, die dich umgibt. Du bewegst dich und atmest und lebst in der Aura oder Energie der Erde. Wenn sie ihre Schwingung ändert und sich zu neuen Möglichkeiten hin entwickelt, bist du, wie gesagt, davon sehr stark beeinflußt. Deshalb öffnen sich zur Zeit so viele Menschen den transformatorischen Kräften. Das Bewußtsein der Menschheit muß sich unweigerlich verändern. Wenn die Menschen sich bereitwillig der transformierenden Energie öffnen, die zur Zeit das Kollektiv zu mehr Bewußtsein hinzieht, kann dieser Wandel jedoch viel sanfter vonstatten gehen. Du kannst dich diesen Kräften ergeben. Du kannst *mit* der Energie, die von deinem Planeten ausströmt, arbeiten und kannst andere anleiten, sich auch zu öffnen. Es ist für alle Menschen eine großartige Zeit — das Erwachen, das vorhergesagt und geplant ist. Öffne dich jetzt, und die Kräfte der Transformation werden dich leiten.

Auch wenn du bereit bist, deine verstandesmäßigen Ideen und persönlichen Vorlieben loszulassen, hilft das dem kollektiven Bewußtseinswandel. Deine Hingabe ist ein weiterer Schritt zur Einheit mit Allem, Was Ist. Sie ist eine weibliche Qualität, die unter dem vernünftigen maskulinen Selbst, mit dem du dich identifiziert hast, verborgen liegt. Es ist jetzt Zeit für die Auferstehung deiner eigenen weiblichen Seite. Sowohl das männliche als auch das weibliche Geschlecht sind im Grunde weiblich. Das ist in der neuesten Entwicklung deines Kollektivs auf der Erde übersehen worden. Männliche Werte sind jedoch nicht länger lebensfähig. Jetzt sind ein weiblicher Standpunkt und weibliche Empfänglichkeit und Offenheit gegenüber den Kräften des Universums vonnöten, um in die nächste Evolutionsphase der Erde und des kollektiven Bewußtseins der Menschen überzugehen. Wir werden euch dabei leiten.

* * * *

Die Weiblichkeit der menschlichen Psyche hat im kollektiven Bewußtsein der menschlichen Rasse ihren Platz noch nicht gefunden. Bis jetzt haben Überlebensbedürfnisse die Entwicklung der menschlichen Psyche beherrscht. Es stimmt jedoch, alle Menschen sind im Grunde weiblicher Natur. Wir verstehen, daß das für viele eine seltsame Vorstellung ist. Wir möchten auch betonen, daß wir in keiner Weise den Beitrag der männlichen Seite der menschlichen Psyche unterbewerten. Es ist ein notwendiger Beitrag des sogenannten männlichen Geistes gewesen zu versuchen, eure Umwelt logisch und rational zu kontrollieren und zu entwickeln. Dadurch konntet ihr eure Umwelt bezähmen, um die menschlichen Bedürfnisse zu erfüllen. Diese Entwicklung hat es jedoch jetzt nötig gemacht, die sogenannten weiblichen Qualitäten zu entwickeln — Hingabe, Empfänglichkeit, harmonische Zusammenarbeit mit der Umwelt und den Kräften des Universums. Logik und rationales, deduktives Denken haben zur Entwicklung der Wissenschaft, der Technik und der grundlegend männlichen Religionen geführt.

An die Stelle der uralten Verehrung des weiblichen Aspekts der menschlichen Psyche, symbolisiert durch die Muttergöttin, ist die Bewunderung der Wissenschaft und Technik getreten. Das ist verständlich. In der Wildheit der Natur ist das Menschliche relativ unbedeutend. Der Versuch des Menschen, seine Umwelt zu unterwerfen, um den Naturgewalten nicht mehr so hilflos ausgeliefert zu sein, ist verständlich. Es ist gut, wenn die eigenen Überlebensbedürfnisse befriedigt sind, so daß sich die Aufmerksamkeit jetzt auf die Entwicklung der Seele richten kann.

Jeder Fortschritt in Wissenschaft und Technik hatte seinen Sinn. Sie haben dem Menschen insofern genutzt, daß er jetzt keine Zeit und Energie mehr in die Aufrechterhaltung des eigenen physischen Überlebens zu stecken braucht. Ihr seid jetzt frei, immer mehr Zeit und Energie auf die Entwicklung eurer inneren Wahrnehmung zu konzentrieren, auf euer Erwachen und auf ein höheres Bewußtsein. Das ist sehr, sehr nützlich. Es wird natürlich noch eine Weile dauern, bis die Errungenschaften des männlichen Geistes in alle Schichten der menschlichen Gesellschaft vorgedrungen sind. Das ist normal. Den Lesern dieses Buches möchten wir jedoch nahelegen, die Qualitäten des männlichen Geistes nicht mehr auf Kosten der eigenen grundlegend empfänglichen weiblichen Natur zu entwickeln.

Du kannst anfangen, bewußt deine eigene weibliche Seite zu erschließen und mit der Erde und deinem eigenen Selbst harmonisch zusammenzuarbeiten. Das ist sehr, sehr dringlich. Die Erde braucht deine Empfänglichkeit, deine Kameradschaft und Liebe. Die Erde braucht eine verantwortliche Menschheit, die mit den Kräften der Natur zusammenarbeiten will, die jetzt den Bewußtseinswandel im menschlichen Kollektiv und auf dem Planeten leiten. Es ist jetzt notwendig, euch der eigenen grundlegend weiblichen Natur zu öffnen. Wir betonen noch einmal, daß sowohl das äußerlich männliche als auch das weibliche Geschlecht ihrer Grundnatur nach weiblich sind.

Männer und Frauen haben auf Kosten ihrer weiblichen Natur ihre männliche Seite überentwickelt. Ihr habt euren rationalen Geist entwickelt, und das ist gut so. Es war, wie gesagt, notwendig. Ihr müßt jetzt jedoch mit der Umwelt, die ihr bezähmt habt, Freundschaft schließen. Ihr dürft die euch umgebende Natur nicht mehr unterwerfen. Es ist offensichtlich, daß euch die Erde die Umwelt, die ihr zum Leben braucht, nicht länger geben kann, wenn ihre Rohstoffe weiter dezimiert und mißbraucht werden. Ihr müßt jetzt akzeptieren, daß die Erde euer Freund und Partner ist, und müßt in Übereinstimmung mit den Naturkräften eures Planeten und eures Universums handeln, sonst werden viele Menschen sterben oder erkranken. Das Blatt muß sich jetzt wenden. Ihr müßt bereit sein, Unbequemlichkeiten auf euch zu nehmen, und anfangen, die Rohstoffe des Planeten weise zu verwalten. Schon wenn du eine Einkaufstasche aus Stoff benutzt, anstatt noch mehr Plastik ins Haus zu schleppen, ist das ein Schritt in dieser Richtung. Du mußt jetzt in deinem täglichen

Leben handeln. Wenn du, der du schon anfängst zu merken, wer du in Wahrheit bist, nicht in Harmonie mit deinem Planeten handeln willst, wer sollte es denn sonst?

* * * *

Vergeßt nicht, daß die Erde grundlegend weiblicher Natur ist. Sie ist die Mutter, die Ernährerin, die Geliebte. Sie ist auch Kali, die destruktive weibliche Energie. Der Zorn der weiblichen Energie erscheint an der Erdoberfläche in Erdbeben oder Vulkanausbrüchen. Sie ist Ernährerin und Zerstörerin. Sie kann erschaffen, erhalten und zerstören. Dies sind Eigenschaften jedes Wesens, und es sind auch die Eigenschaften des Göttlichen.

Die Erde ist deine Mutter gewesen. Sie war auch die Zerstörerin vieler Menschenleben. Im kommenden Jahrzehnt wird es weitere sogenannte Naturkastastrophen geben. Wir haben schon gesagt, daß das zu ihrem Bewußtseinswandel gehört. Es ist nicht nötig, dich um zukünftige chaotische Ereignisse zu sorgen. Es hilft jedoch und tut anderen und der Erde gut, wenn du deine eigenen chaotischen und zerstörerischen Energien erkennst. Wenn ihr selbst lernt, mit eurer zerstörerischen Kraft umzugehen, wird es für die Erde weniger nötig sein, auf die zerstörerischen Tendenzen der Wesen hinzuweisen, die ihre Aura bewohnen.

* * * *

Jeder von euch hat schon einen langen Weg des Erwachens hinter sich. Du hast begonnen, Wahrheiten zu erkennen, von denen die meisten Menschen noch nichts wissen. Du bist jetzt bereit, bewußt weiterzugehen, dich zu entwickeln und dich nicht nur deinem Erwachen zu verpflichten, sondern auch dem deiner Brüder und Schwestern. Ihr dürft nicht länger die Rohstoffquellen eurer Erde zerstören. Euer Militär kann nicht länger mit Waffengewalt eine Lösung für politische Krisen erzwingen. Es ist nicht länger angemessen, die Wahrheit eurer eigenen Göttlichkeit zu verbergen. Die weibliche Energie, die hinter der Maske der Menschheit liegt, muß zum Vorschein kommen.

Diese Energie kommt dir vielleicht chaotisch vor, vielleicht sogar gefährlich. Es ist wahr, daß die weibliche Energie nicht durch die männlichen Werte von Logik und Vernunft gebunden ist, sondern eher durch die weiblichen Qualitäten von Vertrauen und Hingabe. Diese Qualitäten werden jedoch gebraucht, um in Harmonie mit den Kräften des Universums zusammenzuwirken. Ihr könnt es euch nicht leisten, eure Wirklichkeit von der Ebene des menschlichen Verstandes aus zu entwerfen und zu erschaffen. Die Kräfte des Universums reichen weit über die Auffassungsgabe des menschlichen Verstandes hinaus. Es ist Zeit, eure Herzen der natürlichen Einheit mit Allem, Was Ist, zu öffnen.

Du kannst dich nicht länger isolieren. Deine Seele sehnt sich nach der Vereinigung mit deinem Selbst und mit deinen Brüdern und Schwestern, und sie sehnt sich nach der Einheit mit Allem, Was Ist. Viele Kräfte wirken im Moment auf dich ein. Du kannst im Einklang mit all diesen Kräften und mit allen Aspekten deines Selbst leben. Du kannst auch mit deiner Mutter, deinem Kind, dem Planeten in Harmonie leben. Wir freuen uns über deinen Mut und deinen Eifer. Wir sind alle eins.

* * * *

Du bist ein Hologramm, und alle Möglichkeiten, die das kollektive Bewußtsein hat, stehen deshalb auch dir offen. Du wirst nicht alle deine inneren Möglichkeiten in einem Leben manifestieren, aber wir denken, daß du in deinen vielen Inkarnationen als menschliches Wesen schon die meisten der Möglichkeiten manifestiert hast, die dem Menschen zur Verfügung stehen. Das wolltest du auch. Es war Teil deiner Ausbildung als Lichtarbeiter. Für uns ist ein Lichtarbeiter ein Wesen, das bewußt für das Licht arbeitet, ein Wesen, das sich der eigenen Quelle bewußt ist, des Lichtes, das alle Formen erschafft.

Ein Lichtarbeiter spielt bewußt die Rolle des individuellen Dharma, in das er durch seine gegenwärtige Verkörperung verwickelt ist, während er sich gleichzeitig bewußt ist, stilles Mitglied eines universellen Teams von Wesen zu sein, die sich dem Erwachen allen Bewußtseins verpflichtet haben. Sie haben sich die Aufgabe gestellt, alle sogenannten Individuen zu der Erkenntnis zu bringen, daß sie in Wahrheit eins mit dem Ganzen sind. Ein Lichtarbeiter ist also jemand, der darauf hinarbeitet, allen anderen Mitgliedern des kollektiven Bewußtseins, zu dem er gehört, Licht zu bringen, Erleuchtung und Erhellung. Dein Planet und deine Brüder und Schwestern brauchen dein Licht. Auch deine eigene Persönlichkeitsebene braucht dein Licht. Du bist ein Lichtarbeiter. Du bist in dieser Zeit auf die Erde gekommen, um jetzt bei der Umwandlung mitzuhelfen, beim Erwachen des Bewußtseins, das sich jetzt schon zu zeigen beginnt. Wir beglückwünschen dich zu deinem Mut, und wir sind bei dir.

* * * *

Eine Seite deines Bewußtseins ist sich deiner wahren Identität bewußt. Diese Seite hat schon immer gewußt, wer du in Wirklichkeit bist. Diese Seite von dir hat nie ihre Verbindung zum kollektiven Bewußtsein, das ihr das Göttliche nennt, verloren. Deine innere Beziehung zu „Gott" ist immer da gewesen. Du hast diese Verbindung vielleicht nicht bewußt wahrgenommen. Vielleicht hast du dich von den Geschichten und Illusionen der physischen Wirklichkeit gefangennehmen lassen.

Die physische Wirklichkeit ist sehr verführerisch. Es ist sehr leicht, sich täuschen zu lassen und sie so zu erleben, als sei die Form alles, was es gibt. Das war unser aller Absicht. Die scheinbare Wirklichkeit der Illusion gestattet einem Wesen, sich in der Form als individuelle Identität zu erleben. Das ist ein notwendiger Teil der Illusion, der das Spiel aufrechterhält.

Es ist jetzt jedoch nicht mehr angemessen für dich, zu vergessen und die Illusion für die letzte Wirklichkeit zu halten. Es gibt viele, viele Realitätsebenen jenseits von Form. Vielen von euch wird das jetzt klar. Viele Aspekte deiner jetzigen Wirklichkeit haben dir den Zugang zu anderen Wirklichkeitsbereichen geöffnet.

In eurer Gesellschaft ist das Kino sehr beliebt. Das liegt daran, daß man im Kino in eine gänzlich andere Realität eintreten kann. Das hat dem bewußten Verstand das Unterbewußte zugänglich gemacht, und er ist jetzt bereit, andere Wirklichkeiten in relativer Sicherheit zu erleben.

* * * *

Der bewußte Verstand akzeptiert allmählich, daß er andere Realitäten erfahren kann. Das hilft. Er wird sich allmählich der Existenz anderer möglicher Wirklichkeiten bewußt. Das gibt dem Wesen Gelegenheit, sich bewußt anderen Seiten des Selbst zu öffnen als denen, auf die der bewußte Verstand gewöhnlich begrenzt ist. Das heißt, dein Verstand ist jetzt bereit, die Möglichkeit in Betracht zu ziehen, daß du andere Realitäten erfahren und trotzdem das Gefühl deines individuellen Seins nicht verlieren kannst. Das ist wichtig. Noch vor nicht sehr langer Zeit war es undenkbar, aus den Grenzen einer oder zweier Aspekte des Bewußtseins herauszutreten.

Das Individuum hatte daher eine sehr begrenzte Erfahrung von der Wirklichkeit. Normalerweise sahen die Menschen nur eine begrenzte Anzahl von Möglichkeiten, ihre Identität zu erleben. Das ist jetzt nicht mehr so. Die Menschen öffnen sich für die Möglichkeit vielfältiger Realitäten, und dabei hat das Kino euch geholfen.

Wir möchten dir gerne sagen, daß viele, viele Aspekte deines eigenen Wesens in anderen Wirklichkeiten leben und doch ein Teil von dir sind.

* * * *

Das menschliche Denken beginnt, sich zu erweitern. Bald wird es viele andere Aspekte individuellen Seins in sein getrenntes Identitätsgefühl einbeziehen können. Das ist ein Schritt vorwärts in der Evolution der Menschheit. Du hast viele andere Bewußtseinsebenen an deinem Baum des Bewußtseins. Du hast damit begonnen, dich diesen anderen Ebenen zu öffnen, und das hilft dir. Es gibt noch viel darüber zu entdecken, wer du in Wirklichkeit bist. Du hast viele Aspekte deines Seins, die persönlich sind und einzigartig für deine eigene psychologische und emotionale Entwicklung.

Viele der Aspekte deines Bewußtseins hängen auch mit dem kollektiven Stamm deines Bewußtseins zusammen. Wir haben über diese kollektiven Aspekte schon in anderen Büchern gesprochen. Du bist mit den Aspekten verbunden, die für die Entwicklung deines eigenen Wesens einzigartig sind. Dazu gehört vielleicht die Verbindung zu den Engelreichen, zu den Reichen der Weltraumbruderschaft, zu den Reichen der Elementarwesen oder Devas, zu den Aufgestiegenen Meistern, zur Weißen Bruderschaft, zu verschiedenen schamanischen Ebenen und den Bardos oder mit spirituellen Disziplinen verbundenen Reichen, die du in diesem oder in anderen Leben praktiziert hast. Wenn du dein Bewußtsein öffnest, wirst du dir die Hilfsquellen deiner eigenen kollektiven Aspekte erschließen können, und das wird dir auf deiner Reise ins Erwachen sehr helfen. Sie werden dir auch helfen, weniger an deiner Persönlichkeit festzuhalten, so daß du dich entwickeln und die Persönlichkeitsebenen mit einbeziehen kannst, ohne dich zu sehr auf sie zu konzentrieren oder dich mit ihnen zu identifizieren.

Diese Art zu denken ist vielleicht neu für dich. Wir sehen das, möchten dir aber dennoch nahelegen, bereit zu sein, diese erweiterten Aspekte deines Selbst in dein Selbstbild zu integrieren. Wir grüßen dich und dein sich entwickelndes Bewußtsein der Wahrheit.

* * * *

Auch die Erde hat viele Aspekte, von denen sie mehrere während ihrer Evolution durchlebt hat. Ihre Grundnatur ist, wie gesagt, weiblich. Sie ernährt, erhält und zerstört. Sie ist ein empfängliches Gefäß. Auch eure Natur ist grundlegend weiblich, aber ihr lebt nicht in Harmonie mit diesem weiblichen Selbst. Das seelische Unbehagen, das viele Menschen spüren, kommt von der Überbetonung der männlichen Seite der Psyche. Die Menschheit muß sich wieder ihrer weiblichen Seite zuwenden, um zu innerem Frieden und zu ihrer inneren Harmonie mit der Natur und sich selbst zurückzukehren. Dies ist die wahre Natur von Männern und Frauen. Sich dem Fluß des Lebens zu ergeben ist weiblich. Dem Leben gegenüber empfänglich zu sein, es durch euch fließen und sich manifestieren zu lassen ist weiblich. Sich der Großartigkeit und Unvorhersehbarkeit des Lebens zu öffnen und Ebbe und Flut des Seins zu feiern ist weiblich. Die Menschen müssen diese weiblichen Seiten entwickeln, wenn sie in die nächste Phase ihrer Evolution eintreten wollen. Sie müssen zu ihrer eigenen inneren Harmonie zurückkehren, um in Harmonie mit dem Planeten zu leben, der alles menschliche Leben trägt.

* * * *

Jeder von euch fängt allmählich an, zu Aspekten seines Selbst zu stehen, die die Gesellschaft meist nicht anerkennt. Jeder von euch hat begonnen, aus den normalen Grenzen seines täglichen Lebens herauszutreten und Bereiche zu erforschen, die nicht in Schulen oder Kirchen gelehrt werden und in euren sozialen Kreisen auch nicht anerkannt sind. Jeder von euch fängt an zu entdecken, daß ihr mehr seid, als was euch früher beigebracht wurde. Jeder von euch hat angefangen, in seinem eigenen Wesen Bereiche des Wunders und der Ekstase zu finden. Ihr tretet aus dem Gefängnis heraus, in das sich die Menschen durch die Begrenzung ihrer Selbsterfahrung selbst gebracht haben.

Dies ist eine freudige Zeit des Erwachens. Es ist eine Zeit der Hingabe an euer Selbst, eine Zeit, wo ihr in die ganze Fülle des Seins eintaucht. Es ist gesellschaftlich anstößig, seine eigene Großartigkeit zu erfahren und andere auch noch an dieser Erfahrung teilhaben zu lassen. Und doch ist es so. Du bist ein großartiger Ausdruck göttlichen Bewußtseins. Du hast so viele Fähigkeiten, die über die normalen Grenzen hinausreichen, auf die die Menschen sich selbst beschränken.

* * * *

Du erkennst jetzt allmählich, daß du eins bist mit dem Wesen, das dein Planet ist. Du bist an seinem Erwachen beteiligt, du spielst eine Rolle in dem Bewußtseinswandel, der auf ihm stattfindet. Deine Rolle ist, die Wahrheit deines Einsseins mit Allem, Was Ist voll zu erforschen und zu entdecken.

Du bist eins mit aller Form und mit aller Energie. Du bist eins mit den Kräften des Universums. Du bist eins mit allem Bewußtsein. Du bist eins mit deinen Brüdern und Schwestern in menschlicher Form. Jeder Mensch stellt einen Aspekt deiner eigenen Möglichkeiten dar. Du bist auch eins mit dem Wesen, das dein Planet ist. Die Erde liebt dich. Sie sorgt für dich. Sie ernährt dich und öffnet dich für alle Möglichkeiten, die das menschliche Leben zu bieten hat. Sie braucht deine Liebe auch. Sie braucht es, daß du sie nährst und für sie Sorge trägst. Während dieser schwierigen Zeit des Wandels ist sie nicht im Gleichgewicht, und du kannst ihr jetzt mit deiner Liebe harmonisierende und heilende Energien schenken.

Ihr Wesen ist dein Wesen. Auch du bist aus dem Ozean des Bewußtseins erschaffen, aus der gleichen Quelle wie deine Mutter und dein Kind, die Erde. Heile sie und du heilst dich selbst. Heile dich selbst und du heilst auch sie.

Channeling

„Channeln“ ist so alt wie die menschliche Geschichte. Es hat immer Menschen gegeben, die ihr Bewußtsein erweitern konnten, um Führung, Offenbarungen und Weissagungen zu empfangen. Diese Menschen galten als Seher, Propheten, Orakel, Sprachrohre Gottes, Visionäre — Männer und Frauen, die dem Volk die Worte Gottes oder der Götter überbrachten. Die Propheten des Alten Testaments, das Orakel von Delphi und die ständige Führung, die das Nachung-Orakel im tibetanischen Buddhismus lieferte, sind alles Beispiele für das, was wir heute „Channeln“ nennen. Da das Channeln neuerdings ein beliebtes Phänomen des Neuen Zeitalters geworden ist, könnte man leicht meinen, es sei nichts anderes als irgendeine New Age-Technik. Sich in die transpersonalen Reiche des Bewußtseins einzustimmen, um Inspiration und Einsicht zu erlangen, hat jedoch die Entwicklung unserer Religionen, unserer Kunst, unserer Philosophie und sogar unserer Wissenschaften seit Beginn der Menschheit gekennzeichnet.

Die alten Dichter ließen sich „von der Muse küssen“. Mathematiker und Forscher verschiedenster Wissensbereiche berufen sich auf plötzliche „Eingebungen“, die das verwirrende Problem lösten. Religiöse Führer sprechen von „Offenbarungen“. Wenn der Papst solch eine „Offenbarung“ empfängt, wird sie innerhalb der katholischen Kirche sogar Teil des Glaubens, ohne daß der Kongreß der Kardinäle darüber abstimmen muß. Intuition, Einsicht, Inspiration und Offenbarung sind alles Beispiele dafür, wie wir über unser gewöhnliches, alltägliches Denken hinausgehen, um das Überpersönliche zu berühren und dann etwas in unser alltägliches Leben zurückzubringen, das vorher nicht da war.

Du selbst hast schon gechannelt. Vielleicht hast du schon einmal mit einem Freunde, der verzweifelt war, zu Mittag gegessen und dich etwas sagen hören, was deinen Freund verblüffte: „Ja, das stimmt, woher weißt du das?" fragte er. Du wußtest es einfach. Vielleicht hast du auch gelegentlich einen Brief geschrieben oder aus beruflichen Gründen eine Abhandlung verfaßt und hast dich beim Wiederlesen gewundert, was du geschrieben hast. „Wo kam das denn her?" fragtest du dich. Bei der Arbeit, besonders wenn du unterrichtest, heilst oder in einem künstlerischen oder beratenden Beruf tätig bist, hast du vielleicht schon erlebt, daß du etwas machtest oder sagtest, das dich vollkommen überrascht hat. „Woher kam das?" All dies sind Formen des Channelns.

Man könnte sagen, daß jede schöpferische Tätigkeit eine Art Channeln ist. Ein wirklich guter Schauspieler spielt seine Rolle nicht, er wird zu dem Charakter, den er porträtiert. Das ist es, was uns den Atem nimmt. In allen Künsten gibt es jene erhabenen Momente, wo der individuelle Darsteller verschwindet und nur noch der Tanz, der Gesang, die Musik da ist. In solchen Momenten wird das Publikum über sich selbst hinausgehoben in das Reich des Tanzes, des Gesanges, der Musik. Das sind die Augenblicke, nach denen sich Künstler und Publikum sehnen — die Augenblicke, die die Seele berühren.

Jeder von uns ist ein vielfältiges Wesen. Wir sind es gewohnt, uns als einschichtig zu betrachten, aber wenn du weiter darüber nachdenkst, wirst du merken, daß du in Wahrheit viele verschiedene Aspekte eines Wesens bist. In jedem von uns gibt es viele verschiedene Selbste — viele verschiedene und deutlich zu unterscheidende Seiten unserer selbst.

Mein Mann Gawain (früher hieß er Prana; viele von uns, die auf dem spirituellen Wege sind, haben mehr Namen als jeder Ganove!) und ich haben vor kurzem in Amerika an mehreren Konferenzen mit W. Brugh Joy, M.D. teilgenommen. Brugh ist der Autor von „Joys Way“ und „Avalanche“. Im Laufe unserer Arbeit mit Brugh habe ich verstanden, daß wir vielfältige Wesen mit vielen, vielen verschiedenen Seiten sind und daß wir fähig sind, uns sogar mit noch mehr Aspekten zu verbinden, die jenseits unserer individuellen Möglichkeiten liegen. Seit ich das verstanden habe, ordne ich meine Erfahrungen mit dem Channeln völlig anders ein.

Als ich anfing zu channeln, dachte ich, „ich“ würde „jemand anderen“ hereinlassen, ihn meinen Körper benutzen lassen, um Nachrichten aus einer anderen Dimension auf die Erde zu bringen. Ich hielt diesen „anderen“ für eine getrennte Wesenheit, die deutlich von meinem eigenen Bewußtsein geschieden sei. Jetzt erlebe ich Channeln so, daß ich willentlich mein persönliches Bewußtsein dazu benutze, mich mit den transpersonalen Bereichen des Bewußtseins zu verbinden, die uns allen zur Verfügung stehen. In den transpersonalen Reichen gibt es viele archetypische Figuren, die gechannelt werden können. Der Erzengel Michael ist einer dieser Archetypen. Sanat Kumara und Mutter sind ebenso archetypische Figuren des kollektiven Bewußtseins, das wir das Überpersönliche nennen.

Bevor wir jedoch über das Überpersönliche sprechen, wollen wir zuerst ein wenig die persönlichen Seiten des

Bewußtseins anschauen. Vielleicht hast du schon gemerkt, daß in dir zum Beispiel ein Kind lebt, ganz unabhängig davon, wie alt du bist. Vielleicht hast du schon mit deinem inneren Kind gearbeitet. Viele Therapieformen wenden sich an das innere Kind und versuchen die Verletzungen der Kindheit zu heilen. Das ist ein hilfreicher erster Schritt, um die Vielfalt deines eigenen Seins zu erkennen. Das Kind kann jedoch niemals in dem Sinne geheilt werden, daß diese Aspekte dann verschwinden. Wir würden auch gar nicht wollen, daß sie verschwinden, denn diese Verletzungen haben uns ja etwas gebracht, sie waren für unsere Entwicklung notwendig. Durch unsere Wunden haben wir Fähigkeiten und Kräfte entwickelt, die wir ohne sie vielleicht niemals entdeckt hätten. Wir können mit diesen verletzten Seiten unseres Selbst jedoch so umgehen, daß sie uns und unsere Wahrnehmung der Realität nicht mehr beherrschen. Wir können uns dem Schmerz stellen und ihn zulassen, so daß keine Energie mehr in der Verletzung gebunden bleibt. Dann können wir auch anerkennen, welche Gaben diese Verletzung uns zu entwickeln half.

Wenn du zum Beispiel als Kind unterdrückt wurdest, hast du vielleicht den Willen entwickelt, dich auszudrücken. Wenn du als Kind geschlagen wurdest, hast du dadurch vielleicht eine Sensibilität entwickelt, subtile, unausgesprochene Umschwünge in der Stimmung oder der Energie deiner Eltern wahrzunehmen, um so Schläge verhindern zu können. Diese Sensibilität kommt dir später in deiner Arbeit mit anderen vielleicht zugute. Ich bin nicht dafür, daß Kinder geschlagen werden, ich meine nur, daß es keine Opfer gibt und daß jede unserer Erfahrungen uns auf irgendeiner Ebene auch dient. Jeder von uns hat genau die Lebensumstände gewählt, in denen er die Gaben entwickeln konnte, die er braucht, um seine Bestimmung auf der Erde zu erfüllen. Wenn wir die Wunden heilen könnten, die wir erschaffen haben, um unsere Gaben zu entfalten, würden wir damit womöglich auch unsere Gaben zunichtemachen. Die wahrhaft großen Menschen unserer Geschichte kamen nicht aus heilen kleinen Familien. Wenn du selbst Mutter oder Vater bist, dann weißt du vielleicht, daß deine Kinder, obwohl du sie vor den Verletzungen bewahren wolltest, an denen du selbst gelitten hast, dennoch verletzt werden, wenn nicht durch dich, dann durch das Leben.

Obwohl wir das Kind in uns nicht heilen können, können wir doch unsere Erfahrung über uns selbst erweitern und unser Leben bewußt aus einem anderen Aspekt von uns leben, und dann beherrschen uns unsere Wunden nicht mehr. Wir können uns den Bereichen unseres Bewußtseins öffnen, die reif sind und mit den Umständen unseres Lebens wie ein Erwachsener umgehen können. Wir können reifen und uns dabei den vielfältigen Seiten unseres Wesens öffnen. Wir müssen jedoch dazu bereit sein, uns von den Seiten unseres Wesens zu lösen, die vertraut und deshalb bequem sind. Wir müssen unsere kindischen Seiten opfern, sie zurücklassen und uns bewußt entscheiden, aus unseren erwachsenen Seiten heraus zu leben, denen mehr Möglichkeiten zur Verfügung stehen.

In uns lebt nicht nur *ein* inneres Kind — wir haben einen ganzen Kindergarten in uns. In den meisten von uns lebt ein abgelehntes, ein verlassenes Kind, ein braves Kind, ein böses Kind, ein verletztes Kind, ein verspieltes

Kind und viele andere kindliche Aspekte unserer Psyche. Es gibt auch mehrere Jugendliche in uns, junge und reife Erwachsene und, wenn wir Glück haben, einen weisen Alten. Vielleicht gibt es auch einen Hohepriester oder eine Hohepriesterin, einen Vagabunden, eine Hure, eine tüchtige Geschäftsperson, und mit Sicherheit gibt es einen Richter. Vielleicht hast du dich schon gefragt, wieso du in einem Moment so fühlst und denkst und dann im nächsten vollkommen anders. Das ist so, weil du in deiner Psyche die Ebenen gewechselt hast. Jede Ebene hat ihre eigenen Gefühle, Körperhaltungen und Standpunkte. Ich meine hier nicht die Gegenwart einer anderen Wesenheit oder einer verlassenen Seele, die sich in deinem Körper versteckt. Darüber habe ich in dem Buch „Heimkehren ins Licht“ geschrieben. Wenn eine verlassene Seele in dir wohnt, trägst du die gesamte Persönlichkeitsstruktur und die Erinnerungen eines anderen Menschen in dir. Ich spreche darüber, wie deine eigene Persönlichkeit aus vielen verschiedenen Bewußtseinsaspekten zusammengesetzt ist.

Diese gleichzeitige Existenz verschiedener Ebenen in uns kann oft zu inneren und äußeren Konflikten führen. Du wunderst dich vielleicht, wie du in einem Moment großzügig und freundlich sein kannst und kleinlich und nachtragend im nächsten. Vielleicht fragst du dich, wie du ein treuer Ehepartner sein und doch Lust auf Seitensprünge haben kannst. Du fühlst dich vielleicht gerade ruhig und verständnisvoll und merkst dann auf einmal, wie du ärgerlich und aggressiv wirst. Für die meisten von uns sind diese Umschwünge schwierig. Wir benutzen die eine Seite dazu, die andere nicht gelten zu lassen. Der Richter kommt herein und fragt, wie wir denn großzügig sein können, wo wir doch wissen, daß wir auch kleinlich und gierig sind. Also entscheiden wir, daß wir gar nicht wirklich großzügig sind. Dann versuchen wir, unsere „negativen" Züge zu verstecken, und geben uns betont anders. Wir geben zum Beispiel zu viel, um großzügig zu erscheinen, weil wir Angst haben, daß wir es in Wirklichkeit nicht sind.

Ich habe diesen Konflikt zwischen den verschiedenen Seiten in mir oft erlebt. Als Gruppenleiterin zum Beispiel und als spirituelle Lehrerin bin ich oft über die Kraft und Weisheit erstaunt, die in einer Gruppe aus mir herausströmt, und ich begann, mich mit diesem Aspekt von mir, der die Maske des Lehrers tragen kann, zu identifizieren. Ich dachte, das sei ich, und identifizierte mich mit dieser Seite. Dann dachte ich, ich müsse immer so sein, und versuchte, in allen Bereichen meines Lebens die spirituelle Lehrerin zu sein. Ich merkte, wie ich anfing, unecht zu sein. Ich saß popcornessend vor dem Fernseher und versuchte weise und klug zu sein. Ich mochte diese Falschheit nicht, ich mochte nicht einem Bild genügen, das ich selbst von mir erschaffen hatte. Da ich jedoch wußte, daß ich eben gern Videos anschaue und Popcorn esse wie ein ganz gewöhnlicher Mensch, begann ich das anzuzweifeln, was ich in den Gruppen war. Ich lebte in einer Welt des Entweder-oder. Entweder war ich spirituelle Lehrerin oder ein gewöhnlicher Mensch, der fernsieht und Popcorn ißt. Brugh stellte mir die Welt des „und" vor, und seitdem bin ich glücklich und zufrieden.

Jetzt weiß ich, daß das, was durch mich hindurchkommt, wenn ich lehre, genauso gültig und angemessen ist wie das, was kommt, wenn ich nur so herumhänge. Es sind ganz einfach verschiedene Seiten meines Wesens, durch die ich handle. In den Gruppen will manchmal jemand in der Pause oder beim Essen, wenn wir in unserem normalen Selbst sind, etwas über einen Traum oder irgendein Problem wissen. Dann sind wir nicht in dem Bewußtsein, das für die Antwort gebraucht würde. Wir müßten in einen anderen Bewußtseinsaspekt überwechseln und bitten dann immer darum, uns während der Sitzung zu fragen.

Unsere Arbeit mit Brugh hat mir die Vielfalt meines Wesens eröffnet, und jetzt versuche ich nicht mehr, mich naiv als dies oder jenes zu definieren. Ich fange an, das Wunder dieses Mysteriums zu erfassen, das Leben bedeutet. Ich habe auch viel mehr Geduld mit den Aspekten meines Wesens, die nicht dem Standard meiner anderen Seiten entsprechen — wenn der Richter hereinkommt, kann ich ihn oft schon erkennen und in einen Aspekt überwechseln, der die Fülle des Lebens genießt und alle Farben des Regenbogens, der wir sind, zu schätzen weiß.

So wie ich die verschiedenen Seiten meiner Persönlichkeitsebene erforsche, erforsche ich auch die transpersonalen Reiche durch meine Erfahrungen mit dem Channeln. Durch das Channeln habe ich mich bewußt vielen verschiedenen Bereichen meines Inneren geöffnet. In uns stehen grenzenlose Reiche bereit, die wir erfahren können. Viele dieser Welten kann man durch die uralte Kunst der Meditation erreichen. Durch Meditation kann man in die verschiedenen Bardos oder Reiche des Bewußtseins eintreten, die dem inneren Reisenden zugänglich sind. Man kann diese Reiche auch durch Channeln betreten.

Ich habe, seit ich begonnen habe zu channeln, viele verschiedene Arten von Energie und viele verschiedene

Bewußtseinsebenen kennengelernt. Wenn ich zum Beispiel eine Antwort auf eine persönliche Frage channele, kommt gewöhnlich eine bestimmte Energie herein. Diese Seite des Transpersonalen nennt sich Gabriella, und sie kann unglaublich komisch sein. Ich lache oft mit allen anderen mit, wenn sie versucht, die Menschen zu erheitern — über das Spiel, ein Mensch zu sein. Wenn ich jedoch in einer Gruppe channele und es um Fragen philosophischer Natur geht, dann antwortet ein Aspekt des Transpersonalen, der sich Sanat Kumara nennt. Sanat ist einer der Aufgestiegenen Meister, der mit dem Planeten Venus verbunden ist. Er ist für das Erwachen des Bewußtseins auf der Erde verantwortlich. „Seine" Energie unterscheidet sich sehr von der leichten engelhaften Energie Gabriellas. Sanat ist fest, zurückhaltend und ernst. Ein anderer Aspekt, den ich häufig channele, ist die Energie, die wir Mutter nennen. Sie kommt seit kurzem immer häufiger durch, was ich mit dem Bedürfnis nach weiblicher Energie in jedem von uns in Verbindung bringe. Sie scheint der Inbegriff der archetypischen weiblichen Energie zu sein. Ihre Gegenwart und das Mitgefühl, aus dem sie spricht, berührt mich immer sehr. Dies sind jedoch nur drei der vielen, vielen Aspekte des Kollektiven, die durch mich gekommen sind. Im Lichtarbeiter-Training lehren wir, wie man channelt, und können so Hunderte von anderen Menschen channeln hören. Dadurch habe ich erfahren, daß es unzählig viele Aspekte der überpersönlichen Reiche gibt, die in uns sprechen können. Es ist eine Freude, diese Reiche zu erforschen und mit den verschiedenen Seiten des Kollektiven, mit dem jeder einzelne von uns verbunden ist, zusammenzuarbeiten.

Da es viele verschiedene Ebenen im kollektiven Bewußtsein gibt — von den Seiten, die eng mit der menschlichen Persönlichkeit verbunden sind, bis zu denen, deren Anliegen für uns sehr abstrakt sind — ist in der Geschichte auch auf viele verschiedene Weisen gechannelt worden.

Eine alte Form des Channelns hat sich bis in unsere Tage erhalten. Das ist die Kommunikation mit den Toten. Sogar in den westlichen Kulturen sind Medien immer wieder von gläubigen Okkultisten befragt worden, um Nachrichten von geliebten Verstorbenen zu erhalten. Zwischen Tischrücken und Runden am Quija-Brett ist Onkel Joe vielleicht gefragt worden, wo er sein Geld versteckt hat. Sue bat Tom, ihr zu verzeihen, und sagte ihm weinend, daß sie ihn schließlich doch liebe. Tante Sally wurde nach dem Geheimrezept ihrer preisgekrönten Apfeltorte gefragt. In einem gedämpften und abgedunkelten Raum ging das Medium in Trance, und Onkel Joe sprach aus der Geisterwelt durch das Medium. In der einen oder anderen Form sind schon immer die Toten gerufen worden, wenn irgend etwas mit ihnen nicht abgeschlossen war oder wenn die Zurückgebliebenen Trost und Rat brauchten.

Kommunikation mit den Toten kann manchmal durchaus heilsam und nützlich sein, aber das ist nicht die Art von Channelling, von der in diesem Buch die Rede ist. Ich empfehle die Kommunikation mit den Toten nicht. Die Verankerung, die wir beim Channeln benutzen, ist dazu gedacht, die Bewußtseinsebene der kürzlich Verstorbenen auszuklammern und die transpersonalen Aspekte unseres Wesens zu erreichen. Die Informationen, die wir aus den überpersönlichen Bewußtseinsbereichen bekommen, helfen uns, zu unserem wirklichen Selbst zu erwachen. Manchmal wollte ich etwas von jemandem wissen, der kürzlich verstorben war (kürzlich, das heißt in den letzten hundert Jahren); darüber werde ich im nächsten Kapitel sprechen.

Spiritualistische Religionen haben immer irgendeine Form des Channelns benutzt, um die Gläubigen an ihren Glauben zu binden. Oft bringen sie sich durch Tänze oder Drogen in einen tranceartigen Zustand und bitten dann die Geister, in ihren Körper einzutreten und zu den Menschen zu sprechen. Die Geister werden gebeten, die Gebete der Flehenden zu erhören. Ich habe zwei Jahre in Brasilien gelebt; obwohl ich nie an solchen Treffen teilgenommen habe, ist mir der Wodu-Spiritualismus des Makumba und Irmanjoa vertraut. Die Form des Channelns, die in diesen Gruppen benutzt wird, ist auch etwas anderes, als worüber wir hier sprechen. Die Form des Channelling, die in spiritualistischen Religionen angewandt wird, gehört ins Reich der Magie.

Was ist Magie? Was hältst du für Schwarze Magie? Was hältst du für Weiße Magie? Denk einen Moment darüber nach, wenn du willst. Was ist für dich der Unterschied zwischen Weißer und Schwarzer Magie?

Ich habe mich dies viele Jahre lang gefragt. Magie hat sicherlich ihren Platz. Für Menschen, die gerade zu erwachen beginnen, können — wie auch für mich — solche Erscheinungen der erste Hinweis darauf sein, daß es mehr gibt als die physische Realität. Das hilft sehr, die Fesseln zu sprengen, die uns an die Welt der Sinne gebunden haben, wobei die Realitätsbereiche jenseits der Formwelt ausgeschlossen wurden. Die Menschen brauchen oft etwas, was sie in der gewöhnlichen Realität sehen können, um sich für andere Wirklichkeiten zu öffnen. Es gibt sehr viel mehr als die physische Realität, und Dinge, die nicht durch die physische Realität erklärt werden können, weisen vielleicht auf andere Ebenen der Wirklichkeit hin. Das kann ein nützlicher Anfang sein (so wie es für einige von uns die Drogen waren). Wie die Drogen können jedoch auch diese Phänomene eine Falle sein, wenn die Tür einmal geöffnet worden ist. Die Leute können auf diese Ebenen hinausgehen, um sich voll zu verwirklichen und für alle Seinsebenen ihres Wesens Verantwortung zu übernehmen. Auf unserer spirituellen Reise geht es nicht um interessante Phänomene. So wie ich es sehe, geht es darum, uns unserem ganzen Wesen zu öffnen, Verantwortung dafür zu übernehmen, daß wir es vollständig manifestieren, und es zu feiern. Es geht um Selbstverwirklichung.

Kürzlich hatte ich das Privileg, den „Freunden" eines „weißen" Hexendoktors aus Togo vorgestellt zu werden. Dieser gut gekleidete, gebildete schwarze Herr bezeichnete sich selbst als weiße Hexe, weil er seine Magie für „gute" Zwecke benutze. Seine Freunde oder Verbündeten aus den Geisterwelten arbeiten mit ihm zusammen. Er schenkte mir sein Vertrauen und eröffnete mir diese innere Welt. Ich war sehr dankbar für diese einzigartige Gelegenheit. Die Geister, mit denen er arbeitet, werden durch die traditionellen Gaben von reinem Alkohol und Geld gerufen. Den Gin gießt man in die Erde des Gartens, und die Münzen werden unter dem Fliederbusch vergraben. Alkohol ist eine Essenz und wird traditionell dazu benutzt, ein Geistwesen, das auch Essenz ist, herbeizurufen. Geld ist eine moderne Version der Früchte menschlichen Schaffens und wird dem Geistwesen als Tausch für seine Arbeit dargeboten.

Als ich in Trance ging und mich den Geistfreunden öffnete, war ich von der kräftigen Energie überrascht. Die Schwingung unterschied sich deutlich von der, an die ich beim Channeln gewöhnt bin, und die Bilderwelt, die sich mir mit dieser Energie öffnete, war sehr deutlich. Gleichzeitig war mir dieses Reich, in das ich geführt wurde, sehr vertraut, und ich fühlte mich so zu Hause, als hätte ich viele Leben lang als Schamane, Hexendoktor, Hexe oder Heilerin in diesen Reichen gearbeitet. Ich traf mehrere andere Geistwesen in diesem Reich. Sie zeigten mir die Bereiche, deren Meister sie waren, die ganze Reichweite ihres Einflusses und Interesses — es ist sehr schwer, das sprachlich auszudrücken, da die Sprache ja nur auf die Erfahrung hinweisen kann, ohne das, was man erlebt, je vollkommen erfassen und ausdrücken zu können. Ich erfaßte sofort, daß sie mit der Welt der Wünsche zu tun hatten. Sie waren an persönliche Vorlieben gebunden. Sie standen zur Verfügung, um ihren Freunden in physischer Form Wünsche zu erfüllen, und diese Wünsche kamen von der Persönlichkeitsebene der menschlichen Psyche.

Genau das ist für mich Magie. Es ist der Versuch, die Wirklichkeit zu manipulieren, um sie dem Verlangen, den Wünschen und Gedanken des menschlichen Geistes anzupassen. Diese Wünsche mögen „gut“ oder „schlecht“ genannt werden, was höchst subjektiv und relativ ist, aber sie kommen immer von einem Menschen, der denkt, er wisse, was geschehen „sollte“. Dies ist etwas ganz anderes, als sich den Kräften des Universums zu ergeben und zu versuchen, mit ihnen in Harmonie zu arbeiten. Wenn das Ego transzendiert werden soll, muß man nach etwas Höherem streben, als der menschliche Verstand es ist. Durch die Art des Channelns, über die wir in diesem Buch sprechen, wird uns etwas Höheres zugänglich als der menschliche Verstand. Durch Channeling kann man sich den überpersönlichen Bewußtseinsebenen öffnen und in weiterem Sinne erleben, wer man selbst ist. Dies ist die Freude und das Geschenk des Channelns.

Als ich 1983 damit anfing, war Channeln relativ ungewöhnlich. Jetzt channeln Menschen bewußt Nachrichten von Delphinen und anderen Tieren, von der Erde, von Aufgestiegenen Meistern, der Weißen Bruderschaft, der Weltraumbruderschaft, biblischer Gestalten und anderer archetypischer Figuren.

Vielleicht hast du von der Hausfrau in England gehört, die musikalische Kompositionen für ganze Orchester channelte. Sie hat nie Musik studiert. Ihre gechannelten Kompositionen sind von höchster Qualität und scheinen die Arbeit verschiedener berühmter europäischer Komponisten fortzuführen.

Eine Londoner Freundin von mir, Penelope, war Sonntagsmalerin. In der Welt des Müßiggangs aufgewachsen, wie die Engländer es nennen (wir sagen einfach reich), vergnügte sie sich damit, Blumen und parkähnliche Landschaften in Öl zu malen — die Art von Bildern, die man auf einer Straßenausstellung in einer anständigen Einkaufsstraße sehen würde. Eines Tages saß sie vor dem Fernseher, ihren großen Skizzenblock auf dem Schoß. Ihre Aufmerksamkeit auf den Bildschirm gerichtet, nahm sie gedankenlos einen Stift in die linke Hand — obwohl sie

Rechtshänderin ist — und fing an, ihre Hand auf dem Zeichenblock umherzubewegen. Ihre Hand bewegte sich schneller, bald bewegte sie sich ganz von selbst, der Stift flog über das Blatt und bedeckte es mit Strichen. Als sie zufällig auf den Block schaute, entdeckte sie erstaunt, daß das Blatt mit Figuren übersät war. Ihre scheinbar wahllosen Bewegungen hatten tatsächlich eine Zeichnung hervorgebracht, wie sie sie selbst noch nie bewußt gezeichnet hatte.

Penelope erschrak zuerst und fühlte sich „überfallen". Obwohl sie sich für metaphysische Dinge interessierte und begonnen hatte, ihr spirituelles Selbst zu erforschen, war sie völlig verschreckt über dieses Erlebnis. Nichts in ihrer Umgebung gab ihr einen Anhaltspunkt, um das Geschehen einzuordnen, und sie hütete ihr Geheimnis ängstlich. Es brauchte einige Zeit, ein Gespräch mit ihrem Pfarrer (sie ist strenge Katholikin) und viele Gespräche mit Menschen, die mit Channeling vertraut sind, bevor sie gewillt war, bewußt die Kontrolle aufzugeben und eine weitere Zeichnung „hereinzubitten". Schließlich überwand sie ihre Bedenken. Sie bat darum, daß nur etwas Schönes dabei herauskommen solle, holte ihre Farbstifte und öffnete sich. Eine Reihe überweltlicher Porträts kamen durch sie zu Papier, Zeichnungen, wie ich sie noch nie irgendwo gesehen habe. Sie hatten gewiß nichts gemeinsam mit den Ölbildern, die Penelope bewußt gemalt hatte. Es sind übermenschliche Gesichter, die einen nicht loslassen — als wäre die Essenz einer Seele auf das Papier übertragen. Diese „gechannelten" Bilder wurden in einer der besten Londoner Galerien ausgestellt und sehr gut aufgenommen.

In Amerika ist Channeling recht modern geworden. Unglücklicherweise wird das Ego alles tun, um uns in der Getrenntheit gefangen zu halten, und ich war sehr enttäuscht zu sehen, welche Rivalitäten sich mit wachsender Beliebtheit des Channelns entwickelten. Die Leute fingen an, das Channeln dazu zu benutzen, sich von anderen abzugrenzen, anstatt dazu, im Geheimnis des Lebens, das wir gemeinsam haben, zusammenzufinden. Ich hörte Sachen wie: „Meine Wesenheit ist älter als deine" — „Ich channele von einem höheren Strahl als du." Das Ego liebt solche Spiele, aber solche Dinge gehen an der Gelegenheit vorbei, die Channeling bietet — an der Gelegenheit, durch das Persönliche der Einheit dem Überpersönlichen näherzukommmen.

Als ich zum erstenmal eine Botschaft von Sanat empfing, fragte „er" mich, ob ich ein Buch channeln wolle. Ich sagte ja und dachte, ich täte „ihm" damit einen Gefallen. Ich ging jeden Morgen um 7 Uhr in Trance und stellte den Kassettenrekorder an, und so kam innerhalb von sechs Wochen das erste Buch durch („Aufruf an die Lichtarbeiter"). Dann channelte ich das nächste Buch („Zeit zur Freude"). Allmählich merkte ich, wie ich mich dabei veränderte. Ich bemerkte, daß ich nicht mehr so in meinen Verhaltensmustern gefangen war wie früher. Ich war friedlicher und konnte das tägliche Leben aus einem viel weiteren Blickwinkel betrachten. Ich wurde leichter, heller. Ich merkte allmählich, wie das tägliche Channeln sich auf meinen eigenen Erwachensprozeß auswirkte. Die Bücher haben Tausenden Menschen gut getan, und es hat mir gut getan, sie zu channeln. Als ich gebeten wurde, dieses Buch zu empfangen, wußte ich, daß es nicht nur um das

Buch ging. Ich mußte selbst wieder jeden Tag in der Channeling-Energie sein. Auf meiner eigenen Reise ins Erwachen ist das Channeln für mich ein sehr reales Geschenk.

Als ich anfing zu channeln, dachte ich, wie gesagt, daß die Energie, die durch mich sprach, „jemand anderer" sei. Nach den ersten beiden Büchern wurde ich gebeten, ein weiteres herauszubringen. Ich war einverstanden und fing an, jeden Morgen auf Kassette zu channeln, so wie ich es mit den ersten beiden Büchern gemacht hatte. Als ich ungefähr ein Drittel des Buches gechannelt hatte, fühlte ich mich auf einmal nicht mehr wohl. Der Ton des Buches änderte sich. Er schien nicht mehr so weit weg zu sein. Aus „wir hier auf der Venus und ihr dort auf der Erde" wurde „wir". Darauf war ich nicht vorbereitet. Ich konnte mit der Idee umgehen, daß ich meinen Körper einem entfernten Wesen überließ, um Nachrichten an die Erde zu senden. Es machte mir nichts aus, eine Art kosmisches Mikrofon zu sein — ein harmloser Beobachter der Arbeiten höherer Kräfte. Das war in Ordnung für mich. Plötzlich jedoch war „ich" mit einbezogen. Ich hörte auf, das Buch zu channeln.

Ich channelte jedoch weiterhin in Einzelsitzungen und in Gruppen, und mit der Zeit wurde ich bereiter anzuerkennen, daß „ich" mit dem, was gesagt wurde, verbunden war. Manchmal schien es mir, als ob ich das, was da gesagt wurde, in meinem klarsten und weitesten Bewußtseinszustand sagen würde. Es kamen natürlich immer Einzelheiten, über die mein normales Wachbewußtsein nichts wissen konnte. Mir wurde jedoch allmählich klar, daß die Bewußtseinsebene, der Raum, aus dem die Information kam, nicht getrennt von mir war. Meine Persönlichkeit, mein Ego, mein eigener Verstand konnten diese Informationen eindeutig nicht hervorgebracht haben, dazu war das „Ich“, mit dem ich mich gewöhnlich identifizierte, nicht weise genug. Und doch fühlte ich mich mit der Information verbunden.

Allmählich merkte ich, daß ich mich durch mein normales Selbst mit dieser Ebene verbinden konnte, obwohl es für die gechannelte Weisheit nicht verantwortlich war. Ich konnte das transpersonale Bewußtsein tatsächlich durch mein persönliches Bewußtsein erreichen. Channeln hieß nun nicht mehr, „jemand anderen“ hereinkommen und meinen Körper benutzen zu lassen, sondern ich erlebte es als ein bewußtes Öffnen für diese inneren Aspekte meines Wesens, die mit dem Überpersönlichen und den Archetypen des kollektiven Bewußtseins verbunden sind.

Dadurch, daß ich mich den überpersönlichen Ebenen der Wahrnehmung öffnete, geschah noch eine andere Veränderung. Mein Selbstgefühl beruht nicht mehr auf meiner Persönlichkeit, meinem Ego oder meinem menschlichen Verstand. Vor einiger Zeit hatte ich entdeckt, daß ich nicht mein Körper bin, nicht meine Emotionen und auch nicht meine Gedanken. Ich hatte sie natürlich alle, aber ich hatte aufgehört, mich mit ihnen zu identifizieren. Durch das Channeln habe ich erfahren, daß ich nicht mein persönliches Ich bin. Ich habe eine Persönlichkeit, ein Ego und einen Verstand, und ich identifiziere mich nicht mehr damit. Das ist erschreckend und befreiend zugleich. Das ist für mich Channeling: eine erlernbare Technik, um sich den Seiten des Bewußtseins zu öffnen, die dem gewöhnlichen Bewußtsein nicht zugänglich sind. Es ist ein Werkzeug, durch das wir erfahren können, wer wir wirklich sind. Es ist eine Technik, die einen von den Banden der Persönlichkeit befreien kann und die uns ermöglicht, uns mit Seiten unseres Selbst zu verbinden, die uns nicht bewußt sind.

In unseren Ausbildungsgruppen haben wir Menschen aus allen Lebensbereichen und aus unterschiedlichen Ländern die Channeling-Technik beigebracht. Manche von ihnen hatten ihre spirituelle Reise gerade begonnen, andere waren schon seit Jahrzehnten auf ihrem Weg. Jeder, der sich durch das Channeln bewußt für die überpersönlichen Bewußtseinsebenen öffnet, ist bewegt, berührt von der Heiligkeit dieses Erlebens. Oft gibt es Tränen des Wiedererkennens, als ob man — endlich — nach Hause gekommen wäre.

Ich channele seit 1983. Obwohl ich diese Erfahrung jetzt ganz anders betrachte als am Anfang, bleibt es eine äußerst persönliche und heilige Erfahrung — eine bewußte innerliche Beziehung mit dem Göttlichen.

Ich habe schon an anderer Stelle darüber geschrieben, daß ich das Gefühl hatte, „ausgetrickst" werden zu müssen, um mich auf dieses Channeln einzulassen. Mit allen Entschuldigungen an diejenigen, die diese Geschichte schon kennen, werde ich diese Episode für die wiederholen, die sie noch nicht gehört haben.

Ich wollte nie channeln. Was ich tatsächlich ganz besonders *nicht* wollte, war channeln. Ich war mit einem Mann verheiratet, der an diesen Erscheinungen sehr interessiert war, und der wollte, daß ich für ihn channele. Wir hatten beide einige Zeit mit Lazaris verbracht, einer Wesenheit, die durch Jach Pursel in Marin County in Californien sprach. Zwar hatte mir Lazaris sehr gut gefallen, aber mit dem Prozeß als solchem wollte ich nichts zu tun haben. Es war mir zu unheimlich. Obwohl ich auch als Atem- und Reinkarnationstherapeutin arbeitete und begonnen hatte, ein paar kleine Gruppen zu leiten, hielt ich doch an meiner Identität einer „normalen" Hausfrau fest. Außerdem dachte ich, daß Medien einfach nicht den Mut besäßen, für sich selbst zu sprechen. Ich war sicher, daß ich ohne die Hilfe irgendeiner Wesenheit genug zu sagen hatte. (Oh, wie wundervoll kreativ das Ego sich verteidigt!)

Mein Mann blieb aber beharrlich, und so probierte ich eines Abends in unserem Heim in Südkalifornien zu channeln. Als es zu funktionieren schien, fing er sofort an, der Stimme, die durch mich sprach, die Verantwortung für sein Leben zu übertragen. Ich fühlte in jeder seiner Fragen das Gewicht seiner Abhängigkeit — seine Erleichterung darüber, seine persönliche Macht abzugeben, seine Hoffnung, einen direkten Draht zum Weg, zur Wahrheit und zum Licht zu haben. Ich wollte damit nichts zu tun haben — damals nicht und niemals wieder. Ich hörte auf und weigerte mich, es noch einmal zu versuchen.

Zwei Jahre und eine Scheidung später war ich allein im Haus meiner Freundin und Teilzeit-Arbeitgeberin Cynthia und beendete gerade ein paar Sachen im Büro, als sie voller Aufregung zur Tür hereinplatzte. „Gott sei Dank bist du noch hier!" sagte sie strahlend. Ich schaute auf die Uhr und sah, daß es unerklärlicherweise schon zwei Stunden nach der Zeit war, wo ich gewöhnlich nach Hause ging. „Ich habe gerade Ruth Montegomery gelesen", fuhr sie fort, „sie spricht mit ihren geistigen Führern. Wenn Ruth mit ihren Führern sprechen kann, können wir es auch.

Komm, wir probieren es." Cynthia ist Schriftstellerin, und ich hatte halbtags für sie gearbeitet, um nach der Scheidung für meine beiden Kinder ein regelmäßiges Einkommen zu haben. Ich gab auch Einzelsitzungen in Rebirthing und Reinkarnation. Ich hatte seit einiger Zeit mit meinen eigenen Geistführern Kontakt und fand ihre Unterstützung und Führung sehr hilfreich. Ich hatte auch gelernt, die geistigen Führer meiner Klienten zu sehen und telepathisch mit ihnen zu kommunizieren — das half mir bei der Arbeit mit meinen Klienten. Cynthia und ich hatten die telepathische Verbindung erforscht. Offiziell war ich als Cynthias Assistentin angestellt, obwohl wir ebenso viel Zeit mit Rückführungen, Tarotkarten, Kristallen und metaphysischen Gesprächen verbrachten wie im Büro. Wir forschten gemeinsam in den weiten, unbekannten Welten des Geistes, die sich ganz schnell unseren suchenden Seelen öffneten.

Cynthia ging ins Schlafzimmer, und ich folgte ihr eifrig: „Oh gut, laß uns mit den Führern sprechen." Wir sprudelten vor Aufregung über ein neues Abenteuer, und ich legte mich aufs Bett und schloß die Augen. Cynthia setzte sich auf einen Stuhl daneben und begann, die Entspannungsanweisungen zu wiederholen, die ich so oft in unseren Rückführungsreisen mit ihr benutzt hatte.

Als ich entspannt war, sagte sie vertrauensvoll: „Okay, ruf jetzt einfach deine Führer und sieh, wie sie in einem Halbkreis vor dir sitzen." Mein Körper begann zu zittern, und ich fing an, Bilder zu sehen. Ich sagte: „Okay, sie sind da." Etwas verdutzt antwortete Cynthia spielerisch: „Gut, warum schaust du nicht, ob irgendwer etwas sagen möchte." ... Mein Körper zuckte noch mehr, und ich fühlte eines der Bilder aus dem Halbkreis nach vorn kommen. Ich konnte fühlen, wie die Energie in meinen Körper strömte und ihn schüttelte. Es war, als strengte mein Körper sich an, seine Schwingung zu ändern, um sich der Schwingung des Bildes anzupassen, das aus dem Halbkreis getreten war. Plötzlich hatte ich Worte im Kopf, die sich deutlich von meinen Gedanken unterschieden. Ich öffnete den Mund, um den Worten Stimme zu geben, und hörte eine tiefe Stakkatostimme aus meiner Kehle kommen. „Guten Tag. Ich bin Sanat Kumara. Ich werde sprechen." Ich ließ die Worte durch mich hindurch, und die Stimme sagte in ihrer bezwingenden Art wundervolle, tiefe Dinge. Ich erinnere mich nicht mehr an alles, was gesagt wurde, ich weiß nur, daß ich von der Klarheit und Weisheit des Gesagten entzückt war.

Ich lag da und hörte voller Staunen zu, als mir schlagartig etwas klar wurde: „He, Rhea", dachte ich, „wir sprechen hier nicht nur mit den Führern, du channelst." Wenn Cynthia oder irgend jemand anderer mich gebeten hätte zu channeln, hätte ich „nein" gesagt, „niemals". Aber ich dachte, wir würden nur mit den Führern sprechen, und das klang, als würde es Spaß machen. Jetzt war es zu spät. Ich channelte und hatte angebissen.

Wir experimentierten am nächsten Tag weiter und am übernächsten auch. In diesen ersten Tagen geschahen ein paar Dinge, die auch mein letztes Zögern wegbliesen. Ich bin schon immer sehr skeptisch gewesen, und man mußte mir praktisch die Beweise über den Kopf hauen, bevor ich irgend etwas so Illusorisches wie Channeling akzeptierte. Ich brauchte etwas Konkretes, das mir zeigte, daß ich nicht bloß in irgendeinem Egogespinst schwelgte, das überhaupt nichts zu bedeuten hatte. Glücklicherweise war das Universum sehr zuvorkommend.

Cynthia fuhr in der ersten oder zweiten Woche nach unserer ersten Channelingsitzung nach New York, und ich channnelte für einen anderen Freund. Am Ende der Sitzung fragte er Sanat: „Gibt es noch andere Nachrichten?“ „Ja“, sagte Sanat, „sage John Does Frau, daß sie zum Arzt gehen soll.“ „Oh, nein“, dachte ich, „nicht schon wieder.“ Seit ich angefangen hatte zu channeln, war ich schon zweimal gebeten worden, solche Nachrichten zu überbringen, und ich wand mich vor Verlegenheit, wie ich erklären sollte, woher diese Botschaften kamen. 1983 war Channeling noch kein Allerweltswort, und ich war sicher, für leicht verrückt gehalten zu werden. Da ich ein paar Jahre mit meinen vergangenen Leben gearbeitet hatte, hatte ich außerdem sehr lebhafte und — gelinde gesagt — unerfreuliche Erinnerungen daran, auf die eine oder andere Weise ein spiritueller Spinner gewesen zu sein und zu erleben, wie die Leute überschnappten und mich auf Weisen loszuwerden versuchten, die zwar der Kreativität der Menschheit Ehre machten, nicht aber ihrem Mitgefühl.

John Doe war ein Name, den ich in Cynthias Kartei gesehen hatte. Ich hatte ihn noch nie getroffen und wußte nicht einmal, ob er überhaupt verheiratet war. Ich rief Cynthia in New York an und erzählte ihr, was geschehen war. „Ja, er hat eine Frau. Warum rufst du sie nicht an und sagst es ihr?“ Ich schluckte, hing ein und hieb die Nummer aus der Kartei in die Tasten. Eine sanfte weibliche Stimme meldete sich. Ich stellte mich vor und erklärte ihr zögernd, weshalb ich anrief. Als ich ihr die Nachricht übermittelte und erzählte, wie ich sie erhalten hatte, war es am anderen

Ende der Leitung still, dann ein leichtes Schluchzen. Sie sagte, sie habe verstanden, hängte ein und ließ mich mit einem linkischen und verlegenen Gefühl zurück.

Eine Woche später rief sie mich zurück und erklärte mir die Situation. Sie war offenbar seit mehreren Monaten krank, und die Krankheit verursachte Stimmungsschwankungen in ihr, die in der Beziehung zu ihrem Mann Probleme schafften. Sie traute der Schulmedizin nicht und hatte erfolglos versucht, sich wieder gesund zu meditieren. Sie wäre niemals auf den Gedanken gekommen, einen gewöhnlichen Arzt aufzusuchen, wenn sie diese Anweisung nicht von „esoterischer" Seite bekommen hätte. Der Arzt hatte eine Routineuntersuchung gemacht und eine Funktionsstörung der Schilddrüse festgestellt, gegen die er die üblichen Medikamente verschrieb. Sie fühlte sich körperlich schon gesünder und emotional stabiler und war voller Erleichterung und Dankbarkeit.

Ich gab meine letzten Zweifel auf. Ich wußte, daß ich ohne das Channeln unmöglich davon hätte wissen und auch nicht hätte helfen können. Als ich in der Woche darauf nach New York fuhr, um Cynthia zu sehen, traf ich Linda Waldron, eine Hellseherin und Freundin aus Manhattan, die in den Sitzungen mit ihren Klienten oft in trance-ähnlichen Zuständen ist. (Linda hat „Das Buch vom wahren Zaubern" geschrieben, ein spirituelles Kinderbuch, das im Ch. Falk-Verlag erschienen ist.) Ich fragte Linda, was ich beim Channeln für meinen Körper tun könne, denn ich fühlte mich oft ziemlich hilflos, wenn sich dabei meine Schwingung änderte. Der Übergang war für meinen Körper schwierig, und ich war mir unsicher, ob es gut für mich war oder nicht. Linda zeigte mir eine Technik, die wir „*Hook-up Process*“ (Verankerung) genannt haben. Er half mir, mich in meinem Körper wohl zu fühlen und machte den Übergang von den persönlichen zu den transpersonalen Bewußtseinsebenen körperlich viel leichter. Die Technik hat sich mit der Zeit weiterentwickelt, aber die Grundlage ist die gleiche geblieben, die Linda mir gezeigt hat. Darüber werden wir im nächsten Kapitel sprechen.

Wie man channelt

Grundsätzlich gibt es drei verschiedene Arten des Channelns. Bei der ersten Form geht das Medium in tiefe Trance und scheint den Körper zu verlassen. Es überläßt der durchkommenden Energie, oft einer Wesenheit mit deutlich erkennbarer Persönlichkeit, die Kontrolle über alle Körperfunktionen. Der Herzschlag und der Atem verlangsamen sich für gewöhnlich, und es sieht so aus, als ob die Körperfunktionen von der gechannelten Quelle beherrscht würden. Bei dieser Art des Channelns kann das Medium sich später gewöhnlich nicht an das erinnern, was während der Sitzung geschah.

Während meiner Arbeit an diesem Kapitel hatte ich die Gelegenheit einer Begegnung mit Phyllis Carmel, einem Vollkörpermedium, die — wie sie sagte — „seit 56 Jahren mit dem Geist arbeitet". Phyllis kannte die großen Medien der vergangenen Epoche und arbeitete mit ihnen zusammen. Obwohl wir nicht viel Zeit miteinander hatten, lernte ich von ihr sehr viel darüber, was es heißt, ein Vollkörpermedium zu sein. Ich war sehr berührt von der Hingabe und dem persönlichen Opfer, das Phyllis und andere Vollkörpermedien ihrer Arbeit entgegenbringen. Phyllis channelt in einem Faraday'schen Käfig, um das elektromagnetische Feld um sie herum zu klären. Durch den Käfig schirmt sie sich von den Gefühlen der anderen Anwesenden ab, und er erleichtert ihr den Durchgang durch die verschiedenen Ebenen, die sie durchqueren muß, wenn sie ihren Körper verläßt. Sie erlebt es als ein Hinausgehen, bei dem sie durch verschiedene Reiche hindurchgeht und verschiedenen Formen der Manifestation in diesen Reichen begegnet. Es ist ein sehr verletzlicher Zustand vollkommener Passivität und Ergebenheit. Ich war voller Bewunderung für sie, ihre Arbeit und ihre Integrität.

Voll-Trance oder Vollkörper-Channeling ist nicht das, was ich lehre. Edgar Cayce und Jane Roberts praktizierten diese Art der medialen Durchgabe. Edgar Cayce war traditioneller Christ, und man sagt, daß er über manche der Heilungsvorschläge und Anweisungen, die er in Trance geäußert hatte, ziemlich überrascht und sogar verlegen war. Seine unorthodoxen Rezepte und Heilmittel haben viele Menschen geheilt. Jane Roberts war auch ein Vollkörpermedium. Jane selbst war magersüchtig, und wenn Seth ihren Körper übernahm, war sie Kettenraucherin und trank Bier. Diese Kombination bekam ihrer ohnehin schon angegriffenen Gesundheit nicht. Sie starb relativ jung mit 51 Jahren einen sehr schmerzhaften Tod, nachdem sie die letzten zwei Jahre ihres Lebens im Krankenhaus verbracht hatte. Das Channeln hat sie vielleicht nicht umgebracht, aber es war auch nicht gut für sie, ihren Körper Seths Vorlieben zu überlassen.

Die zweite Art zu channeln, die wir in unserem Lichtarbeiter-Training lehren, besteht darin, in einen leicht tranceähnlichen Zustand veränderten Bewußtseins einzutreten. Phyllis nennt das inspirierendes Channeling. Man hat eher das Gefühl „hinüberzugehen“, als seinen Körper zu verlassen, und man hört, was gesagt wird. Das Medium ist mit seinem Bewußtsein anwesend. Ich ziehe diese Art des Channelns vor, denn ich behalte dabei die

Verantwortung für meinen eigenen Körper. Ich zensiere die Durchgaben zwar nicht, aber in diesem Zustand weiß ich, was gesagt wird, und kann dafür Verantwortung übernehmen.

Die dritte Art sieht gar nicht wie Channeling aus. Wir haben alle schon einmal einen begnadeten Redner gehört — vielleicht einen Prediger, einen Politiker oder einen Professor, der sich einfach vor eine Gruppe stellt und anfängt zu sprechen. Nach einer Weile scheint er einen Gedankenstrom aufzugreifen, der ihn brillant durch seine Rede trägt. Das ist auch eine Form des Channelns. Ich habe in Kalifornien mit zwei Lehrern dieser Art gearbeitet, mit Werner Erhard und Terry Cole-Whiticker. Terry war Predigerin in der Christian Science-Kirche und trat sonntagvormittags im Fernsehen auf. Ich lernte eine Weile bei ihr und sah zu, wie sie ihre Sendungen aufnahm. Sie war verblüffend. Sie hatte nur ganz wenige Aufzeichnungen, und wenn sie anfing, über ein Thema zu sprechen, konnte man fühlen, wie sie in einen Strom geriet und sich davon tragen ließ, um dann am Ende alles, was sie gesagt hatte, in einer brillanten Schlußfolgerung zusammenzufassen. Dann machte sie eine kurze Pause, zog sich um, stand wieder vor der Kamera, begann über ein anderes Thema zu sprechen, und es ging von neuem los. Die Predigten für einen ganzen Monat zeichnete sie an einem Tage auf, und sie berührte alle, war engagiert und in jeder Predigt brillant. Terry sagte von sich, „ich channele mich selbst." Und das ist wahr. Die Seite von sich, die sie channelte, war jedoch nicht dieselbe, aus der sie in ihrem täglichen Leben handelt.

Das gilt für uns alle. Wir wechseln die Seiten des

Bewußtseins und manifestieren oder verkörpern die Seiten, die (wenn alles gut geht) den verschiedenen Situationen angemessen sind, in die das Leben uns bringt. Wir geraten in Schwierigkeiten, wenn wir in einer Seite unseres Seins leben, die den gegebenen Umständen nicht entspricht. Wenn wir von einem Aspekt beherrscht werden, können wir nicht in den der Situation angemessenen Aspekt überwechseln, wenn es erforderlich ist. Wenn zum Beispiel jemand von seinem „abgelehnten Kind" beherrscht wird, dann werden die Gedanken, die Gefühle und die Körpersprache des abgelehnten Kindes in jede Begegnung, ob geschäftliche Besprechung oder Romanze, hineinspielen. Dann bekommen wir Schwierigkeiten.

In unseren Gruppen habe ich durch die Arbeit mit den Menschen bemerkt, daß wir oft von einem Aspekt beherrscht werden, in dem viel Schmerz gebunden ist. Weil wir Angst haben, diesen Schmerz zu spüren, leisten wir diesem Aspekt von uns Widerstand, und dann beherrscht er unbewußt unsere Psyche. Wir trauen uns oft nicht, in diesen Schmerz hineinzugehen und den schmerzlichen Bereich voll zu erforschen, weil wir befürchten, davon völlig überwältigt zu werden. Wir befürchten, daß die Emotionen uns überrollen. Es ist wahr, daß unsere Kind-Aspekte nicht mit den ungeheuren aufgestauten Gefühlen fertig werden können. Als Erwachsene jedoch, die sich die Aufgabe gestellt haben, zu erwachen und unser ganzes Wesen zu manifestieren, entwickeln wir die Fähigkeit, mit allem fertig zu werden, was in uns liegt. Wenn wir ganz hineingehen und durchleben, was in uns ist, sind wir frei. Nur wenn wir hindurchgehen, können wir auf die andere Seite gelangen. Wenn die Gefühle einmal befreit sind, wenn wir das Erlebnis wiedererschaffen haben (wie Werner Erhard sagen würde), hat es keine Macht mehr über uns. Wir haben dann vielleicht immer noch diese Seite als Teil unseres vielfältigen Selbst, aber sie beherrscht uns nicht mehr. Es braucht Mut, Entschlossenheit und Liebe zu unserem Selbst, um den Drachen ins Gesicht zu schauen, aber nur so können wir sie töten.

Es stimmt, „das Königreich des Himmels liegt im Inneren", und wir müssen bereit sein, nach innen zu gehen und was immer da ist zu erforschen, zu erfahren und schließlich in die Arme zu schließen. Anfangs sind wir vielleicht gar nicht bereit dazu oder jedenfalls nicht sofort, aber in dem Maße, wie wir erwachen, müssen wir für alles, was wir sind, Verantwortung übernehmen. Das bedeutet Selbstverwirklichung.

Wenn man von einem seiner persönlichen Aspekte beherrscht wird, ist es sehr schwer, die persönlichen Ebenen loszulassen und sich dem Transpersonalen zu öffnen. Deshalb wurden Anfänger in den meisten der alten Mysterienschulen gar nicht aufgenommen, bis sie das Alter von vierzig Jahren erreicht hatten. Bis dahin hatte das Leben schon einen großen Teil der Ausbildung besorgt. Sie mußten die meisten ihrer persönlichen Schwierigkeiten schon verarbeitet haben, bevor sie in die Geheimnisse des Transpersonalen eingeweiht wurden.

Selbst wenn man als Schüler einer Mysterienschule angenommen war, mußte man noch viele Jahre persönlicher Entwicklung durchlaufen, bevor man die Kunst der Verbindung mit dem Transpersonalen lernen durfte. Natürlich ist es so wie bei jeder anderen Fähigkeit auch, daß manche Menschen eine natürliche Affinität zum Channeln haben und andere nicht. Das wirkt sich natürlich auf die Ausbildung aus. Für manche von uns ist Channeln ganz einfach, weil wir es schon in anderen Leben auf die eine oder andere Weise gelernt haben.

Der Hauptgrund, weshalb Menschen an ihrer Persönlichkeit arbeiten mußten, bevor sie in die Kunst des Channelns eingeweiht wurden, war der, daß die Lehrer sicher sein wollten, daß das Gechannelte nicht durch die Persönlichkeit des Mediums bewußt oder unbewußt verfälscht wurde. Wenn ein Mensch ungelöste persönliche Probleme, starke Gefühle oder Vorurteile hat, kann dies unbewußt die Nachricht verändern, die gechannelt wird. Wenn er in unangemessener Weise von einem Aspekt seiner Persönlichkeit beherrscht wird, sickert das ins Channeling ein. Ein Medium, das persönliche Machtprobleme hat oder von persönlicher Gewinnsucht motiviert ist, könnte auch bewußt die Durchgaben verfälschen, um andere zu manipulieren.

Die tibetischen Buddhisten haben ein erstaunliches Ritual, das sie immer noch anwenden, um sicher zu sein, daß das Medium nichts vortäuscht, sondern wirklich das Orakel channelt. Das Dharma (der Pfad oder der Weg) des Tibetischen Buddhismus und die alte Regierung Tibets wurden immer vom Nachung-Orakel geleitet. Das Nachung-Orakel gab die Führung, die Seine Heiligkeit seit mehreren Inkarnationen benutzt, um das tibetische Volk zu lenken. Das Orakel wird von einem Mönch gechannelt, der mehrere Prüfungen abgelegt hat, um sicherzustellen, daß er ein klarer Kanal ist und fähig, sich mit der speziellen Energie des Nachung-Orakels zu verbinden.

Gawain und ich waren 1987 in Dharamsala, Nordindien, zu Besuch bei einem Freund, der für Seine Heiligkeit, den Dalai Lama, arbeitete. Dharamsala ist die Exilheimat des Dalai Lama und seiner Regierung. Wir liebten die heiteren Gesichter der Tibeter, die Gebetsmühlen und die Mönche, die im Hof vor dem Tempel in der Siedlung, wo Seine Heiligkeit lebte, ihre Debattierkünste übten, und wir liebten diese greifbare Spiritualität, die die Tibeter ausstrahlen. Wir freuten uns, wieder in dieser Kultur zu sein. Es war wie ein altes Erkennen. Unser Freund nahm uns zum Tempel des Nachung-Orakels mit. Damals war der Stuhl des Orakels seit sechs Jahren leer. Uns wurde erzählt, daß gerade drei Mönche, die das Potential zu haben schienen, die Energie des Orakels zu tragen, geprüft wurden.

Das Medium, das das Orakel trägt, geht voll in Trance, und die Energie des Orakels ist sehr mächtig. Wir sahen Fotos des letzten Nachung-Orakels, wie es tanzte und sich in seinem schweren Kostüm drehte. Die Energie des Orakels gibt dem Medium große Kraft, wenn es in Trance ist. So versichern sich die Tibeter, daß die Persönlichkeit des Mediums auch tatsächlich aus dem Weg geräumt ist und nur das Orakel kommuniziert. Sobald das Medium in Trance geht und das Orakel anwesend ist, setzen zwei Mönche dem Medium einen Helm auf und befestigen ihn mit einem schweren Riemen. Der Helm ist außerordentlich schwer, und nur die Energie des Orakels kann ihn halten. Die Helfer sind dafür geschult, die Gegenwart des Orakels zu erkennen und den Helm erst festzumachen, wenn das Orakel anwesend ist, nicht vorher. Genauso sicher müssen sie sein, wann die Energie des Orakels wieder gegangen ist, um dem Medium dann schnell den Helm abzunehmen. Wenn das Medium versuchen würde, das Channeln vorzutäuschen — wenn es nur vorgäbe, in Trance zu gehen und ohne Anwesenheit des Orakels etwas verkünden wollte, würde es sich das Genick brechen. So besteht beim Nachung-Orakel keine Gefahr, daß ein Medium aus seiner Persönlichkeit heraus etwas zu manipulieren versucht. Das Nachung-Orakel zu channeln ist sehr anstrengend, und die Mönche, die als Medien ausgewählt werden, leben nicht sehr lange.

Unser Freund führte uns in das Hinterzimmer des Tempels, wo die traditionellen Gegenstände des Orakels, einschließlich des Helms, in Glasvitrinen aufbewahrt werden. Die Energie in dem kleinen, staubigen Raum war sehr stark. Ich habe eine tiefe Verbindung zum Tibetischen Buddhismus, die durch viele Leben in dieser Kultur entstanden ist, und als ich nun in diesem Tempel zwischen all seinen materiellen Besitztümern stand, begann ich mich der Energie des Nachung-Orakels zu öffnen. Sie fegte mich buchstäblich weg. Ich hatte nie zuvor etwas gefühlt wie die Worte, die Bilder und die mächtige Energie, die jetzt durch mich zu fließen begannen. Ich fühlte den unsäglichen Schmerz und den unglaublichen Zorn des Orakels darüber, was dem Dharma und dem tibetischen Volk unter den Chinesen zugestoßen war. Die Energie war zu stark. Der Schmerz war zu stark. Der Zorn war zu stark. Ich schwankte und fiel beinahe um. Gawain fing mich auf und schleppte mich aus dem Tempel. Ich war von dem, was ich gesehen hatte, so betäubt, daß ich nicht gehen konnte. Ich konnte nichts als die Bilder des Leidens sehen, die mir gezeigt worden waren. Gawain führte mich vom Tempel weg, und ich versuchte, die Energie loszulassen. Allmählich ebbte sie ab, und ich kam wieder zu mir. Einen Monat, nachdem wir nach Europa zurückgekehrt waren, hörten wir, daß ein Mönch ausgewählt worden war, das Orakel zu tragen. Ich habe oft mit tiefem Staunen und Mitgefühl über die Rolle nachgedacht, die dieser Mönch im Spiel des Erwachens spielt.

Die Medien, die dazu ausgewählt werden, für die Tibeter zu channeln (früher und heute), und die Menschen, die die heiligen Posten anderer Religionen innehaben, müssen gewöhnlich eine angeborene oder entwickelte Begabung für übersinnliche oder heilerische Fähigkeiten haben. Der traditionelle Schamane hatte oft in der Kindheit ein Erlebnis, das ihn oder sie für die Rolle eines religiösen Führers unter den Menschen prädestinierte. Es kann eine Krankheit gewesen sein, hohes Fieber, das Visionen hervorbrachte, ein Schlag auf den Kopf oder ein gefühlsmäßig traumatisches Ereignis, das seine Narben hinterließ, und auch die Fähigkeit, in andere Wirklichkeiten zu gehen, um die Heilungsenergie und andere Nachrichten zu den Menschen zurückzubringen.

Für das Channeln, von dem hier die Rede ist, braucht man keine bestimmten Fähigkeiten. Unsere Betonung liegt nicht auf der Genauigkeit der Nachricht, sondern eher auf der Verbundenheit, die der Mensch beim Channeln erlebt. Uns interessiert Channeling als eine Technik, durch die wir unsere eigene, persönliche Beziehung zu Gott, zur Quelle, zum transpersonalen Ozean des Bewußtseins, dem wir alle angehören, wiederherstellen und vertiefen können. Es interessiert uns als eine Methode, um uns für Aspekte des eigenen Bewußtseins zu öffnen und Bereiche zu erforschen, die uns in unserem gewöhnlichen Leben nicht zur Verfügung stehen. Wir bieten dir diese Technik an, damit du die Wunder, die in dir liegen, entdecken und eine tiefere Wahrheit über dich selbst erfahren kannst. Channeln ist ein Weg, uns auf unsere eigene Göttlichkeit einzustimmen. Als solches verdient es, mit der Achtung und Sorgfalt behandelt zu werden, die du jeder heiligen Erfahrung entgegenbringen würdest.

Die Informationen, die Nachrichten, die Führung, die du beim Channeln empfängst, sind von zweitrangiger Bedeutung. Ich möchte dich bitten, sie als „weitere Meinung" zu betrachten, die du anhand deiner eigenen Lebenserfahrung überprüfen mußt. Es kann richtig sein, dieser Führung Folge zu leisten, oder auch nicht. Das mußt du selbst entscheiden. Ich vertraue darauf, daß du dieses Hilfsmittel für dich selbst und für jeden anderen weise benutzen wirst. Ich vertraue darauf, daß du dich selbst achtest und somit auch andere, so daß du jedes Wesen als den Schöpfer seines eigenen Schicksals sehen kannst und nicht versuchst, seine persönliche Macht in irgendeiner Weise zu mindern. Ich vertraue, daß dieses Buch dich erreicht hat, weil diese Informationen dir jetzt angemessen sind.

In unserer Zeit werden die alten Geheimnisse an das Volk weitergegeben. In Wochenend-Seminaren lehren wir die Geheimnisse von Kristallen, von Reisen außerhalb des Körpers, von Telepathie und Channeling. Ich glaube, das geschieht deshalb, weil wir uns an die Dinge erinnern müssen, die wir früher schon einmal gelernt haben. Wir können es uns nicht mehr leisten, sieben Jahre damit zu verbringen, die erste Stufe unserer Einweihung zu erlangen. Wir müssen uns jetzt erinnern. Wir sind schon eingeweiht und vorbereitet worden. Wir haben für diese

Zeit geübt. Jetzt wird das Team gebraucht. Wir brauchen uns nur selbst zu vertrauen.

Das Channeln geht gewöhnlich leichter und klarer, wenn du vorher ein „Clearing" gemacht hast. Mehr darüber kannst du in meinem Buch „Heimkehr ins Licht" nachlesen. In Amerika hat Edith Fiore über dieses Thema ein Buch mit dem Titel „Die unruhigen Toten" geschrieben. „Clearing" ist ein Verfahren, um astrale Energien aus dem eigenen Energiekörper zu entlassen. Oft tragen wir verlorene Seelen mit uns herum — Energie von Wesen, die ihren physischen Körper verlassen haben und noch nicht gewillt oder fähig sind, ihr Verhaftetsein mit dem körperlichen Bereich loszulassen. Bei einem „Clearing" werden diese verlorenen Seelen aufgespürt, man spricht mit ihnen, bis sie bereit sind loszulassen und schickt sie dann ins Licht oder schickt ihre Energie in die Quelle aller Energie zurück. Wenn man eine astrale Energie mit sich herumträgt, kann das zu unerklärlichen emotionalen Schwierigkeiten und/ oder körperlichen Symptomen führen. Wenn du mit dem Channeln Schwierigkeiten hast oder sonst irgendwelche inneren Konflikte, die nichts mit Ereignissen in deinem eigenen Leben zu tun zu haben scheinen, dann solltest du dich vielleicht näher mit dem „Clearing" befassen.

Bevor wir uns der Verankerungsmethode zuwenden, die wir beim Channeln benutzen, möchte ich ein paar Vorschläge machen, die dir das Channeln erleichtern können. In unseren Ausbildungsseminaren arbeiten wir immer mit einem Partner zusammen, wenn wir channeln lernen, am besten mit jemandem, mit dem wir uns wohl fühlen. Du kannst dir ein paar Fragen aufschreiben, die dir dein Partner stellen kann, wenn du in Trance bist. Ich schlage immer vor, mit eigenen Fragen anzufangen, bevor du dir von jemand anderem Fragen stellen läßt, weil es tatsächlich leichter ist, die eigenen Fragen zu beantworten, und das gibt dir Vertrauen. Du glaubst vielleicht nicht, daß du die Antwort auf deine Fragen weißt, aber ich schlage trotzdem vor, sie zu stellen. Wenn es in deinem Leben jedoch gerade ein brennendes Problem gibt, etwas, das gefühlsmäßig sehr geladen ist, dann ist es vielleicht besser, diese Fragen ein bißchen zurückzustellen und mit Fragen anzufangen, von denen du ein bißchen mehr Abstand hast. Es kann sonst sein, daß dein Verstand mit seinem üblichen Gedankenkarussel zu diesem gespannten Problem dazwischenfährt, und dann fällt es dir schwer, in einem entspannten, empfänglichen Bewußtsein zu bleiben.

Wenn du mit einem Partner arbeitest, dann geh, bevor du anfängst, mit ihm die Verankerungsschritte durch, so daß er versteht, was du machst. Lest auch die Fragen zusammen durch, die er dir stellen soll, so daß es keine Unklarheiten gibt. Dein Partner kann Papier und Bleistift haben, um sich Notizen zu machen, oder ihr könnt die Sitzung auf Kassette aufnehmen. Wenn du zurück in deinem gewöhnlichen Bewußtseinszustand bist, ist es oft schwierig, dich genau an das Gesagte zu erinnern; deshalb ist es gut, die Fragen und Antworten aufzuzeichnen. Verabrede ein Zeichen mit deinem Partner — Kopfnicken, den Finger heben, am besten kein gesprochenes Zeichen —, so daß er weiß, wann du mit einem Schritt fertig bist und er dir dann den nächsten vorlesen kann. Wenn er zu Schritt 9 kommt, kann er einfach fragen: „Wer ist hier?“

Wenn du allein channeln willst, kannst du die Verankerungsschritte auswendig lernen oder sie dir auf Kassette sprechen, wobei du am besten nach jedem Schritt ein paar Minuten Pause läßt. Dann kannst du dir die Anweisungen vom Band vorspielen. Mit ein wenig Übung wirst du die Taste des Kassettenrecorders drücken können, ohne aus deinem veränderten Bewußtseinszustand herauszukommen, und kannst so auch deine Fragen und Antworten aufnehmen. Du denkst vielleicht, daß du dich sowieso erinnerst und die Sitzung nicht aufzunehmen brauchst, aber ich lege dir nahe, es trotzdem zu tun. Dein Verstand spielt seine Tricks mit dir, und vielleicht erinnerst du dich dann nur an Dinge, an die du dich erinnern möchtest, und nicht an alles, was gechannelt wurde. Wenn deine Fragen beantwortet sind, empfehle ich immer zu fragen, ob es noch weitere Botschaften gibt.

Wenn du etwas Übung darin hast, deine eigenen Fragen zu beantworten, möchtest du dir vielleicht von einem Freund oder Familienmitglied deren Fragen stellen lassen. Ich empfehle nicht, daß sie dir ihre Fragen vor dem Channeln stellen, sondern erst, wenn du in Trance bist. Für andere zu channeln heißt, dir selbst zu vertrauen. Laß die Antworten einfach fließen und versuche nicht, darüber nachzudenken. Wenn du getreulich channelst, können auch manchmal Antworten kommen, die der Fragende nicht erwartet oder nicht hören will.

Wenn ich beim Channeln eine persönliche Frage beantworte, fragt meine „Quelle“ (gewöhnlich Gabriella) immer nach dem Geburtsnamen und Geburtsdatum des Betreffenden. Wenn dir das natürlich vorkommt, kannst du es auch machen. Vielleicht ist es für dich jedoch nicht nötig.

Wenn du mit den Energiezentren im Körper, den Chakren, nicht vertraut bist, dann ist es gut, dich darüber gründlich zu informieren. Es gibt, sehr kurz gesagt, sieben Hauptchakren, die sich auf der Mittellinie des Körpers befinden. Es gibt noch andere Chakren oder Energiezentren im Körper, aber bei unserem Channeling-System haben wir nur mit diesen sieben Hauptenergiewirbeln zu tun. Das erste Chakra sitzt an der Basis der Wirbelsäule (innerhalb des physischen Körpers, obwohl diese Energiezentren auch die nicht-physischen „Körper" durchdringen). Das erste Chakra, oft Wurzelchakra genannt, hat mit unseren grundlegenden Überlebensbedürfnissen und -funktionen zu tun.

Das zweite Chakra, bei der Frau etwa drei Finger, beim Mann vier Finger breit unterhalb des Nabels gelegen, hat mit unserer Sexualität und Sinnlichkeit zu tun.

Das dritte Chakra liegt am Solar Plexus (dem weichen Dreieck unterhalb des Brustbeins) und hängt mit persönlichem Willen und Emotionen zusammen.

Das vierte oder Herz-Chakra sitzt in der Mitte der Brust, von oben etwa auf zwei Dritteln der Länge des Brustbeins. Wir arbeiten viel mit der Energie dieses Chakras, weil es der Verbindungspunkt zwischem dem Geist (den drei oberen Chakren) und der Materie (den drei unteren Chakren) ist, der Treffpunkt von Himmel und Erde. Die Grundeigenschaften des Herzchakras sind Mitgefühl, die Fähigkeit, zentriert zu sein, unsere Verbindung zur Heilenden Gegenwart und unsere Fähigkeit zu bedingungsloser Liebe.

Das fünfte Chakra sitzt unten am Hals in dem weichen Loch, wo sich die beiden Schlüsselbeinknochen treffen.

Dieses Energiezentrum hat mit Kommunikation, Selbst-Ausdruck und Kreativität zu tun.

Das sechste Chakra, auch als „Drittes Auge“ bekannt, liegt gerade über den Augenbrauen in der Mitte der Stirn. Die Eigenschaften dieses Energiezentrums sind Innenschau und inneres Wissen, und es wird gewöhnlich mit dem „Wissen“ oder „Sehen“ von höheren Wahrheiten in Verbindung gebracht.

Das siebte oder Kronenchakra liegt eigentlich 20-35 cm oberhalb des Kopfes, aber der Einfachheit halber tun viele Leute so, als befände es sich oben auf der Mitte des Kopfes. Dieses Energiezentrum wird mit dem Nirvana in Verbindung gebracht, wieder ein Sanskrit-Wort (Sanskrit ist immer noch die genaueste Sprache, um spirituelle Phänomene zu beschreiben) oder mit der Vereinigung mit dem transpersonalen oder höchsten Bewußtsein.

Zusammen bilden diese Energiezentren einen Kanal für die Energie, die sich durch die physischen und nichtphysischen Körper bewegt, und das Ganze wird als Kundalini-System bezeichnet. Kundalini (wieder ein Sanskrit-Wort) ist die Energie oder Lebenskraft, die durch diese Energiezentren strömt, sie vitalisiert und einen Menschen für die Möglichkeit der Erleuchtung öffnet.

Wenn wir also bei der Verankerung über die Chakren sprechen, dann meinen wir dieses System.

Der erste Schritt beim Channeln ist, deine Umgebung so herzurichten, daß du dich sicher und wohl fühlst. Stelle sicher, daß du nicht unterbrochen wirst. Stelle das Telefon leise, und richte es so ein, daß du nicht gestört wirst. Gib dir genug Zeit, so daß du die Erfahrung genießen und integrieren kannst, bevor du dich wieder deinem Alltag zuwenden mußt. Ich empfehle dafür zwei Stunden.

Du beginnst, indem du dich bequem hinlegst. Wenn du etwas Übung hast, willst du vielleicht auch ausprobieren, im Sitzen zu channeln, aber zuerst ist es gut, deinen Körper so wenig wie möglich beachten zu müssen. Decke dich mit einer leichten Decke zu, denn in Trance sinkt deine Körpertemperatur ab, und du möchtest ja nicht durch körperliches Unbehagen abgelenkt werden. Lege deine Arme auf die Decke, damit du sie beim Channeln bewegen kannst. Dann geh mit deinem Partner oder mit der vorbereiteten Kassette durch den Prozeß der Verankerung.

Hier ist er. Ich werde jeden Schritt erklären, aber lies ihn dir zuerst ganz durch.

Die Verankerung

1. Atme ein paarmal tief ein und aus und erlaube deinem Körper, sich zu entspannen. Fühle, wie mit dem Einatmen alle Spannung oder Nervosität aus dem Körper herausgezogen wird, und lasse sie mit dem Ausatmen los.
2. Ziehe weinrote Erdenergie in einem Bogen tief aus der Erde herauf und lasse sie durch die untere Hälfte deines Körpers strömen.
3. Hole göttliches Bewußtsein zu dir herunter. Sieh dieses Bewußtsein als einen wunderschönen goldenen Lichtbogen und lasse es von unten nach oben durch deinen Oberkörper fließen, so daß du dich damit verbindest.
4. Lasse vom unteren Ende deiner Wirbelsäule aus Wurzeln tief in die Erde hineinwachsen; sie verankern dich in der Erde und erden deine Energie.

5. Schicke vom unteren Ende deiner Wirbelsäule aus auch Haken in die vier Ecken des Raumes und verankere so deinen Körper in Raum und Zeit.
6. Umgib dich mit einer schützenden Sphäre aus weißem Licht und wisse, daß nur Informationen durch diese Schutzhülle kommen dürfen, die für dich und deine Umgebung das höchste Wohl darstellen.
7. Öffne dann das Kronenchakra oben auf deinem Kopf und schicke Anker zu deinem eigenen erweiterten Bewußtsein hinauf zu deinen inneren Lehrern und geistigen Führern.
8. Lasse vom unteren Ende der Wirbelsäule, vom Wurzelchakra aus, eine Spirale von Kundalini-Energie gegen den Uhrzeigersinn durch deine Chakren nach oben laufen. Sieh sie als eine Spirale von weißem Licht, die jedes Chakra reinigt, harmonisiert und öffnet, während sie in deinem Körper nach oben und durch den Kopf hinaus fließt und sich mit der Quelle allen Bewußtseins verbindet.
9. Rufe deinen geistigen Führer herein.

Laß uns jetzt jeden Schritt im einzelnen durchgehen. Die Anweisungen kommen dir vielleicht sehr umfangreich vor, aber ich kann nicht genug betonen, daß die Kräfte, mit denen man zu tun hat, außerordentlich mächtig sind und mit Achtung und Sorgfalt behandelt werden müssen.

Schritt eins

„Atme ein paarmal tief ein und erlaube deinem Körper, sich zu entspannen. Fühle, wie mit dem Einatmen alle

Spannung oder Nervosität aus dem Körper herausgezogen wird, und lasse sie mit dem Ausatmen los."

Wenn du eine persönliche Methode hast, um deinen Körper zu entspannen und deine Gedanken abzuschalten, kannst du sie hier anwenden. Wenn nicht, nimm deinen Atem. Nimm jeden Rest von Spannung in deinem Körper wahr und atme hinein, bis sie sich auflöst. Vielleicht möchtest du visualisieren oder dir einfach vorstellen, wie der Atem durch deinen Körper fließt und nacheinander jeden Körperteil entspannt.

Schritt zwei

„Ziehe weinrote Erdenergie in einem Bogen tief aus der Erde herauf und lasse sie durch die untere Hälfte deines Körpers strömen."

Visualisieren ist keine Zauberei. Stelle es dir einfach vor. Konzentriere all deine Aufmerksamkeit auf das Bild von Energie, die durch den Planeten nach oben fließt. Sieh, wie dieser Energiestrom an deinen Fußsohlen vorbei in einem Bogen über deine Beine fließt und dann am unteren Ende der Wirbelsäule, am Wurzelchakra, in deinen Körper eindringt und durch die Beine und Füße in die Erde zurückfließt. Das erdet deine Energie und verbindet dich mit der Erde, ganz gleich, wo das, was du erlebst, dich hinträgt. Visualisiere diesen Energiebogen so lange, bis du ihn beinahe spüren kannst.

Schritt drei

„Hole göttliches Bewußtsein zu dir herunter. Sieh dieses Bewußtsein als einen wunderschönen goldenen Lichtbogen, und lasse es von unten nach oben durch deinen

Oberkörper fließen, so daß du dich damit verbindest."

Wenn dir die Worte „göttliches Bewußtsein" schwer fallen, dann nimm andere Worte, die auf deine Weise ausdrücken, daß du das Göttliche oder die transpersonalen Reiche berührst. Es geht um die Quelle allen Bewußtseins, um das, was jenseits der persönlichen Bereiche menschlichen Denkens liegt. Stelle dir vor, wie dieser Energiestrom von oben kommt, dich oben am Kopf nur streift und dann einen Bogen über deinen Rücken schlägt und durch das Wurzelchakra wieder heraufkommt wie ein großes U. Es hilft, wenn du dir vorstellst, daß dort, wo die Erdenenergie und die göttliche Energie sich verbinden, ein strahlendes orangefarbenes Licht entsteht. Visualisiere diesen Energiefluß wieder so lange, bis du ihn spüren kannst, und gehe dann zum nächsten Schritt über.

Schritt vier

„Lasse vom unteren Ende deiner Wirbelsäule aus Wurzeln tief in die Erde hineinwachsen; sie verankern dich in der Erde und erden deine Energie."

Das ist leicht zu visualisieren. Es erlaubt der Erde, dich mit ihrer Energie zu unterstützen und erdet dich im physischen Körper. Wenn es sich richtig anfühlt, gehe zum nächsten Schritt über.

Schritt fünf

„Schicke vom unteren Ende deiner Wirbelsäule aus auch Haken in die vier Ecken des Raumes und verankere so deinen Körper in Raum und Zeit."

Dieser Schritt ist für deinen Verstand wichtig, und dein Körper fühlt sich dadurch sicher. Er wird nicht verloren gehen, ganz gleich, wohin du gehst.

Schritt sechs

„Umgib dich mit einer schützenden Sphäre aus weißem Licht und wisse, daß nur Informationen durch diese Schutzhülle kommen dürfen, die für dich und deine Umgebung das höchste Wohl darstellen."

Dieser Schritt stellt sicher, daß die Informationen, die du erhältst, von der höchsten erreichbaren Ebene kommen. Es ist den Kräften gegenüber eine Erklärung, daß du nur für das Allerbeste offen bist. Das schirmt dich auch von astralen Energien ab, was sehr wichtig ist. Visualisiere diesen Schritt bitte so lange, bis du ein Gefühl der Vollständigkeit hast, bevor du zum nächsten Schritt übergehst.

Schritt sieben

„Öffne dann das Kronenchakra oben auf deinem Kopf und schicke Anker zu deinem eigenen erweiterten Bewußtsein hinauf, zu deinen inneren Lehrern und geistigen Führern."

Auch diese Vorstellung ist sehr mächtig. Mit diesem Schritt erkennst du bewußt deine Partnerschaft mit den Aspekten deines Bewußtseins an, die dein höheres oder erweitertes Bewußtsein und deine innere Führung genannt werden. Es ist eine weitere Form des Schutzes, die sicherstellt, daß du dich nur für die Seiten des Kollektiven öffnest, die dir am meisten helfen.

Schritt acht

„Lasse vom unteren Ende der Wirbelsäule, vom Wurzelchakra aus, eine Spirale von Kundalini-Energie gegen den Uhrzeigersinn durch deine Chakren nach oben laufen. Sieh sie als eine Spirale von weißem Licht, die jedes Chakra reinigt, harmonisiert und öffnet, während sie in deinem

Körper nach oben und durch den Kopf hinaus fließt und sich mit der Quelle allen Bewußtseins verbindet."

Jetzt hat sich die „Verankerung" wirklich ihren Namen verdient! Nimm dir für diesen Schritt so viel Zeit, wie du brauchst. Stelle dir jedes Energiezentrum oder Chakra vor, während du innerlich die Spirale von weißem Licht durch die Zentren deines Körpers aufwärts fließen siehst. Wenn die Energie aus deinem Kopf austritt, habe das Gefühl, dich der Quelle allen Bewußtseins zu öffnen, dich dem Jenseitigen zu ergeben. Dein Körper zittert vielleicht, wenn du dich dieser Energie öffnest, vielleicht auch nicht. Was immer geschieht, ist für dich richtig. Passe dich nicht irgendeinem Vorbild an, sondern schau, wie es für dich ist.

Schritt neun

„Rufe deinen geistigen Führer herein."

Klingt ganz einfach, nicht? Es ist einfach und verlangt gleichzeitig auch großes Vertrauen. Wenn du mit einem Partner arbeitest, kann es sein, daß er eine Veränderung in der Energie wahrnimmt, wenn die gechannelte Ebene da ist. Dein Partner kann dann einfach fragen: „Wie sollen wir dich nennen?" Frage dann, ob ihr dieser Energie ein paar Fragen stellen dürft. Wenn du nicht mit einem Partner arbeitest, wirst du selbst spüren müssen, wann die „andere" Energie da ist, und dann das Gespräch zwischen deiner persönlichen Ebene und der Energie, die zum Channeln zur Verfügung steht, hin und her gehen lassen. Am Anfang ist es am besten, mit einem Partner zu arbeiten.

Wenn du dich der Energie einmal geöffnet hast, kann sie auf verschiedene Weisen zu dir kommen. Vielleicht hörst du Worte in deinem Kopf, so wie ich, und dann sprichst du einfach die Worte aus. Die Informationen können auch in Bildern kommen, und in diesem Fall empfehle ich dir, einfach die Bilder zu beschreiben. Ein Freund von mir, der schon seit über zwölf Jahren channelt, sieht jedes Wort geschrieben vor sich, wie ein Zeichen, das am Horizont seiner inneren Vision erscheint. Erwarte nicht, eine fremde Stimme in deinem Kopf zu hören — die Worte werden wie deine Gedanken klingen, nicht wie eine Hollywood-Version der Göttlichen Gegenwart. Der Trick ist, einfach allem zu vertrauen, was kommt, und es zu sagen.

Sei darauf gefaßt, unrecht zu haben oder dich zum Narren zu machen. Sogar die besten Hellseher haben nur in 80 Prozent der Fälle recht. Sei bereit zu experimentieren. Je öfter du channelst, desto tiefer und einfacher wird es. Ich werde selbst immer noch ein bißchen nervös, wenn ich etwas über jemandes Bruder channele, wenn ich selbst nicht einmal weiß, ob es einen solchen Bruder gibt. Manchmal ist es vorgekommen, daß es keinen Bruder gab, aber jemanden, der „wie" ein Bruder war.

Wenn du alle vorbereiteten Fragen gestellt und auch nach weiteren Informationen gefragt hast und bereit bist, die Sitzung zu beenden, dann danke der Energie. Bei dieser Arbeit hilft es immer, der Quelle zu danken. Dann lasse die Energie einfach los. In der Regel spürst du, wenn sie bereit ist zu gehen. Wenn nicht, dann entlasse die Energie bewußt aus deinem Körper und erlaube dir, in deinen normalen Bewußtseinszustand zurückzukehren. Nimm dir ein paar Minuten Zeit dafür.

Ich habe mir niemals erlaubt, in einer Sprache zu channeln, die ich nicht bewußt kenne. Ich glaube jedoch, daß es möglich sein muß. Als ich anfing, in Deutschland zu arbeiten, verstand ich fast gar kein Deutsch. Ich arbeitete in den Gruppen mit einer Übersetzerin, die mir die deutschen Kommentare ins Englische übersetzte. Wenn mir jedoch beim Channeln jemand eine Frage auf deutsch stellte, kam die Antwort meist, bevor sie mir ins Englische übersetzt werden konnte. Dann channelte ich die Antwort auf Englisch, ohne zu wissen, ob sie irgend etwas mit der Frage zu tun hatte, die gestellt worden war. Das war sehr verwirrend.

Ich möchte an dieser Stelle etwas über das Ego sagen. Das Ego begrenzt unsere Erfahrung darüber, wer wir sind, das ist seine Aufgabe. Die meisten Menschen meinen, das Ego würde uns in unseren Augen größer machen. In Wirklichkeit ist jedoch das Gegenteil der Fall. Das Ego möchte, daß wir uns für begrenzt halten. Das Ego möchte, daß wir denken, wir seien nur unser Körper, unsere Geschichte und unsere Psychologie. Auf diese Weise behält es die Kontrolle. Deshalb treibt jede Erfahrung unserer wahren Größe das Ego zum Wahnsinn. Wenn du erfolgreich channelst, insbesondere wenn du für jemand anderen genaue Informationen durchgibst, die du bewußt unmöglich wissen konntest, wird dein Ego Theater machen. Vielleicht bist du vollkommen selig und fühlst dich mit Allem, Was Ist, verbunden, und es erscheint dir absolut möglich, daß du in einer Form manifestierter Geist bist, und dann schickt dir dein Ego Gedanken wie: „Was glaubst du denn, wer du bist? Was ganz Tolles, wie? Was veranlaßt dich zu der Meinung, du seist so großartig? He?“ Die Aufgabe des Egos ist, deine Erfahrung deines wahren Selbst zu leugnen, und das wird es immer und immer wieder versuchen, bis du nicht mehr nur an deinem eigenen Erleben zweifelst, sondern auch dein höheres Selbst in Frage stellst. Sei darauf gefaßt. Wenn du dir dieses ziemlich vorhersehbaren Musters bewußt bist, kannst du lernen, diese Gedanken, die dir deine Erfahrung wegnehmen wollen, zu ignorieren.

Es ist das Ego, das uns manchmal nach einem sehr erhebenden Erlebnis, vielleicht nach einem Seminar, beim Channeln oder nach einem persönlichen Erlebnis der Transzendenz schreckliche „Talfahrten“ bereitet. Das Ego kommt wahrscheinlich daher und sagt: „Moment mal, was ist denn mit ...?“ Dann haken wir uns wieder an unserer begrenzten Definition von uns selbst fest. Richard Bach sagt in seinem Buch „Illusionen“: „Bringe Argumente für deine Begrenzungen, und schon sind sie dein.“ Wir sind jedoch mehr als unser Ego. Wir sind mehr als die Teile unseres Selbst, mit denen sich das Ego identifiziert hat. Wir sind unser Körper, unsere Geschichte und unsere Psychologie, und wir sind noch mehr. Wir sind mit den transpersonalen Reichen des Bewußtseins und mit der Quelle aller Wirklichkeiten verbunden. Das Ego macht seine Sache gut und gibt uns das Gegengewicht, so daß wir uns nicht im Transpersonalen verlieren. Das Ego stellt sicher, daß wir unsere Menschlichkeit nicht vergessen. Es ist am besten, es nicht allzu ernst zu nehmen.

Wenn du erfolgreich channelst, wirst du sicherlich einige deiner Glaubenssätze über dich selbst neu überdenken müssen. Das ist das Geschenk und die Herausforderung. Ich wünsche dir Freude und die Verwandlung, die ich durch das Channeln erfahren habe.

Rhea Powers

arbeitet seit 1978 als Past Life-Therapeutin und Rebirtherin in USA und in Europa. Sie stellt sich als Mittlerin zu höheren Bewußtseinsebenen zur Verfügung — so ist zum Beispiel dieses Buch entstanden; und sie ist in der Lage, Menschen von fremden, negativ wirkenden Energien zu befreien. Man nennt das *Clearing.*

Darüberhinaus bildet Rhea zusammen mit ihrem Mann Gawain andere spirituelle Lehrer aus, um das Netzwerk der internationalen Gruppe von *Lichtarbeitern* zu verstärken.

Ihre vielseitige, segensreiche Tätigkeit dient dem Zweck, anderen dabei zu helfen, sich als das *wieder*zuerkennen, was sie schon immer waren: Spirit, manifestiert in Form.

Für weitere Informationen über Rheas Arbeit in Europa wende man sich bitte an folgende Adresse

Rhea Powers
c/o Kumara-Verein
Postfach 92
D-83724 Schliersee

weitere Bücher von Rhea Powers:

Aufruf an die Lichtarbeiter

Zeit zur Freude

Heimkehren ins Licht

Reinkarnation

und Kassetten:

Rückführung in „vergangene Leben“

Der Sinn deines Lebens

---

erschienen im

ch. falk-verlag, ischl 11, 83370 Seeon

Inhalt